DAV

BATALLAS
SILENCIOSAS

Las luchas que llevas por dentro que nadie conoce

La misión de Editorial Vida es ser la compañía líder en satisfacer las necesidades de las personas con recursos cuyo contenido glorifique al Señor Jesucristo y promueva principios bíblicos.

BATALLAS SILENCIOSAS
Publicado por Editorial Vida – 2025
Nashville, Tennessee
© 2025 **David Scarpeta**

Este título también está disponible en formato electrónico y audio

Todos los derechos reservados.

Prohibida su reproducción o distribución.

Todos los derechos reservados. Ninguna porción de este libro podrá ser reproducida, almacenada en ningún sistema de recuperación, o transmitida en cualquier forma o por cualquier medio —mecánicos, fotocopias, grabación u otro—, excepto por citas breves en revistas impresas, sin la autorización previa por escrito de la editorial.

A menos que se indique lo contrario todas la citas bíblicas han sido tomadas de la Santa Biblia, Versión Reina-Valera 1960 © 1960 por Sociedades Bíblicas en América Latina, © renovada 1988 por Sociedades Bíblicas Unidas. Usada con permiso. Reina-Valera 1960® es una marca registrada de la American Bible Society y puede ser usada solamente bajo licencia.

Las citas bíblicas marcadas «NVI» son de la Santa Biblia, Nueva Versión Internacional® NVI®. Copyright © 1999, 2015 por Biblica, Inc.® Usada con permiso de Biblica, Inc.® Reservados todos los derechos en todo el mundo.

Las citas bíblicas marcadas «NBLA», han sido tomadas de La Santa Biblia, Nueva Biblia de las Américas © 2005 por The Lockman Foundation. Usada con permiso, www.NuevaBiblia.com

Las citas bíblicas marcadas «LBLA» son de La Biblia de las Américas®, © 1986, 1995, 1997 por The Lockman Foundation. Usada con permiso.

Las citas bíblicas marcadas «NTV» son de la Santa Biblia, Nueva Traducción Viviente, © Tyndale House Foundation, 2010. Usada con permiso de Tyndale House Publishers, Inc., 351 Executive Dr., Carol Stream, IL 60188, Estados Unidos de América. Todos los derechos reservados.

Las citas bíblicas marcadas «TLA» son de La Traducción en Lenguaje Actual © 2000 por Sociedades Bíblicas Unidas. Usada con permiso.

Las citas bíblicas marcadas «RVC» son de la Santa Biblia, Reina-Valera Contemporánea® © Sociedades Bíblicas Unidas, 2009, 2011. Usada con permiso.

Las citas bíblicas marcadas «PDT» son de la Palabra de Dios para Todos © 2005 por el Centro Mundial de Traducción de la Biblia.

Los enlaces de la Internet (sitios web, blog, etc.) y números de teléfono en este libro se ofrecen solo como un recurso. De ninguna manera representan ni implican aprobación o apoyo de parte de Editorial Vida, ni responde la editorial por el contenido de estos sitios web ni números durante la vida de este libro.

Diseño interior: Juan Shimabukuro
Ilustraciones: Juan Shimabukuro, Jackson Santamaría y freepik.com

ISBN: 978-0-82977-329-3
eBook: 978-0-82977-330-9
Audio: 978-0-82977-331-6

La información sobre la clasificación en la Biblioteca del Congreso estará disponible previa solicitud.

CATEGORÍA: Religión / Vida Cristiana / Crecimiento espiritual

IMPRESO EN ESTADOS UNIDOS DE AMÉRICA
PRINTED IN THE UNITED STATES OF AMERICA

24 25 26 27 28 LBC 5 4 3 2 1

AGRADECIMIENTOS

Primeramente a mi Padre Celestial, mi Señor y Salvador Jesucristo y al dulce Espíritu Santo, qué hermoso es vivir la vida contigo mi Dios.

Has caminado conmigo todas estas batallas y en cada una de ellas me das la victoria.

A mi esposa Diana, compañera de batallas, amor gracias por caminar a mi lado, eres una mujer creativa, resiliente, paciente, es una bendición vivir la vida contigo.

A mis cuatro hijos, Daniela mi héroe, Natanael un hombre increíble y visionario, Jonathan un joven lleno de vida y Elijah, un niño tierno y amoroso, ¡Qué hermoso ser su papá!

A la iglesia que pastoreo, Grace Español Houston, por la paciencia y el amor para conmigo y mi familia, gracias por ser una iglesia del corazón de Dios, es una honra ser su pastor.

A todos los que han formado parte de este proyecto, HarperCollins, Editorial Vida, Gisella Herazo la mejor editora, Itiel Arroyo, gracias por ser puente de conexión, Dra. María del Mar, P. Tito Scarpeta, P. Ariel Muñoz.

Estoy seguro de que este libro será una herramienta efectiva para ganar nuestras batallas.

Con amor
David Scarpeta

CONTENIDO

Introducción 7

Capítulo uno: Francotirador 13

Capítulo dos: Granadas en mi mente 37

Capítulo tres: Tiro al blanco 55

Capítulo cuatro: Minas quiebracorazones 75

Capítulo cinco: Una inyección letal 95

Capítulo seis: ¡Cuidado con Hulk! 117

Capítulo siete: Que la bomba no explote 137

Capítulo ocho: Corre, Forrest, corre 163

Capítulo nueve: El enemigo silencioso 187

Capítulo diez: Después de la batalla 205

Conclusiones 215

Notas 219

INTRODUCCIÓN

En nuestro interior tienen lugar cosas tremendas. Aunque no lo demostremos, vamos a mil por dentro, librando batallas que si pudiéramos llevarlas a la pantalla, conformarían una película digna de admiración. Muchas veces nos sucede lo mismo que ocurre con las tuberías, que por fuera se ven normales, pero llega el momento en que debido a la presión que soportan dentro de sí, finalmente se revientan y se desata la inundación.

No sé si te identificas conmigo, pero en más de una ocasión me he quedado aterrado al saber de parejas que se veían tan bien en las redes sociales, la iglesia o diferentes eventos sociales, y luego «inesperadamente» se divorciaron. Entonces decimos con incredulidad: «Pero se veían tan enamorados, tan comprometidos el uno con el otro». O sabemos de personas que tenían una vida espiritual sólida y saludable y «de repente» cayeron en el adulterio o estaban viviendo una vida doble. Y si vamos más allá de lo que tiene que ver con la inmoralidad o los divorcios, podemos pensar en esas personas que se veían felices y más tarde nos enteramos de que estaban viviendo en medio de una depresión horrible. Esa tubería se reventó por la presión que esa persona estaba soportando y sobre la que *nadie sabía*.

Hay una realidad, y es que *todos* libramos batallas constantes *internas* que no resultan evidentes para las personas. Son batallas que libramos en lo profundo de nosotros, tan adentro que no las compartimos con nadie. Muchas personas casadas ni siquiera lo comentan con su cónyuge, ya que piensan: «No me va a entender»,

«Me va a juzgar», «Voy a causarle preocupación». Lo cierto es que hay batallas que son silenciosas por fuera y por dentro producen un ruido *muy* fuerte.

Piensa por un momento en las batallas que estás librando en tu interior, esas que te están drenando en silencio —o que tal vez te están enseñando—, de las cuales pocos o nadie sabe, solo Dios y tú. Y luego alístate para vencer, porque a través de este libro y la Palabra de Dios aprenderás a triunfar en tus *batallas silenciosas*.

Antes de llevarte por esta tremenda aventura hacia la libertad, quisiera recordarte que hemos sido creados a la imagen de Dios, por lo tanto, somos personas con espíritu, alma, pensamientos y voluntad. No somos cuerpos que llevan un alma dentro, somos almas contenidas dentro de un cuerpo. Un día este caparazón llamado cuerpo envejecerá y volverá al polvo, pero el alma irá o al cielo o al infierno, dependiendo de en quién hayamos creído: en Cristo para salvación o en nosotros mismos para perdición. Lo que vivimos en nuestro interior es primeramente espiritual, pero afecta nuestras emociones, nuestras relaciones, nuestro comportamiento e incluso nuestra salud, y por ende nuestro desarrollo como personas.

En este libro hallarás plasmadas las luchas que todos vivimos en la mente, las emociones, el cuerpo y el espíritu, así como también herramientas poderosas dadas por Dios para luchar y vencer. Cada página y cada capítulo están conectados con el siguiente, convirtiéndose en una secuencia de campos de guerra. En cada capítulo de este «recorrido militar» identificarás a un enemigo, encontrarás un armario del que podrás echar mano dotado completamente con las armas que necesitas, y también hallarás una trinchera para refugiarte y compartir con alguien. Estás a punto de

INTRODUCCIÓN

adentrarte no en un libro, sino en un campo de batalla que presenciará tu victoria.

Recuerda que la lucha forma parte de la carrera de fe que todos enfrentamos y que en esa carrera hay dos grupos de personas: los que pelean con sus armas humanas (y no me refiero a armas militares, sino a su ego, su conocimiento o sus emociones), y los que combatimos con las armas espirituales que Dios nos dio. No se trata de no tener batallas, porque sin duda la vida es una lucha constante; se trata de quién está con nosotros en esas batallas. Es tiempo de decidir si queremos estar solos haciendo lo que queremos o pensamos que está bien, o si elegimos permanecer acompañados de aquel que venció y su nombre es *Cristo*.

CAMPOS DE BATALLA

Mi propósito es ayudarte a expandir tu mente conforme a las Escrituras y que seas consciente de que estamos enfrascados en una batalla constante. Tenemos enemigos, sí, pero también disponemos de las armas para triunfar y, sobre todo, el vencedor está con nosotros.

En este libro hablaremos de los diferentes campos de batalla que yacen dentro de ti, pero antes de entrar a estos campos te entregaré un mapa de ruta y algunas herramientas que te servirán en esta travesía.

¿Qué vas a encontrar?

En cada campo de batalla verás tres elementos principales:

- Un enemigo.
- Un armario que contiene las armas y el plan de acción necesario.

> Una trinchera para reflexionar, aplicar lo aprendido y crecer a fin de seguir al siguiente campo de batalla.

Hablemos un poco acerca de lo que es la trinchera. La palabra «trinchera» proviene del término italiano *trincera*, el cual se refiere al surco que los soldados realizan en la tierra con el objetivo de protegerse de los ataques enemigos. En otras palabras, la trinchera es el *lugar seguro* que los soldados construyen para refugiarse y estar juntos. Resulta muy importante que entiendas este concepto, porque la aplicación espiritual de este libro se desarrolla en un lugar de confianza.

COMPAÑEROS DE TRINCHERA

¿Tienes amigos con la madurez espiritual requerida que no te van a juzgar por tu vulnerabilidad, sino que te van a entender y levantar?

Como ya te dije antes, más que una obra motivacional, este libro es un *mapa de ruta militar* que te va a ayudar a vivir una libertad plena en Cristo, y una parte de este proceso es llegar a la trinchera y allí poder abrir tu corazón. Recuerda: la trinchera es un lugar seguro.

Por esa razón, si tienes soldados amigos, compañeros de milicia, búscalos y entren juntos a este campo de batalla. De esta forma, al momento de estar en la trinchera podrán hacer juntos los ejercicios recomendados para que crezcan unidos en su fe.

¿Por qué tener compañeros de trinchera? Te doy algunas razones:

> Por la rendición de cuentas. He aprendido que la rendición de cuentas te conduce a un nivel de responsabilidad

INTRODUCCIÓN

mayor y el asunto no se limita a ti mismo. La rendición de cuentas tiene un resultado impresionante.

> Por el proceso de sanidad. Al compartir tus luchas con otros estás abriendo un camino hacia la sanidad profunda y verdadera.

> Porque así te darás cuenta de que no eres el único soldado herido por la misma arma.

> Porque necesitas que alguien te «hale las orejas» y luego te levante.

Al leer este libro con una persona que está librando tus mismas batallas, te sentirás desafiado y darás permiso para que te animen, exhorten y levanten; permitirás que te pongan otra vez la mochila en la espalda y te empujen a seguir luchando.

Aclaraciones importantes

> Cada capítulo tendrá ejercicios de trinchera y no podrás avanzar al siguiente campo de batalla sin antes pasar por la trinchera.

> Si tus compañeros de trinchera no están en tu ciudad o cerca de ti, puedes hacer una trinchera virtual, pero si se encuentran cerca es mejor que hagan los ejercicios de forma presencial.

> No hay un número limitado de compañeros de trinchera, pero mi recomendación es que no formen un grupo demasiado grande. Recomiendo de tres a seis o siete soldados como máximo.

> Si no cuentas con soldados de trinchera que vayan contigo, no hay problema. Recuerda que a tu lado está el comando máximo: la Trinidad (Padre, Hijo y Espíritu Santo).

Así que ponte las botas y prepárate, porque nos vamos al campo de guerra, donde tus ojos serán abiertos y verás lo que llevas dentro de una manera diferente. He orado que el Señor abra tus ojos espirituales y puedas entender por medio de su Palabra lo que Él tiene para ti, de modo que puedas creer y activar lo que Dios te ha dado con el fin de obtener la victoria en esas batallas silenciosas.

¡Marchemos al campo de guerra!

CAPÍTULO UNO

FRANCOTIRADOR

Uno de mis juegos «no favoritos» es el *paintball*. Si lo has jugado alguna vez, sabrás que para ganar en él se necesita una alta dosis de adrenalina y cierto nivel de agresividad.

Tengo amigos que son adictos a este juego (creo que tienen un soldado frustrado adentro), pero en lo personal no le hallo mucha emoción. También debo admitir que parte de mi fastidio se debe a que cada vez que he tenido que jugar porque me han invitado y no he podido escaparme, he sufrido algunas experiencias dolorosas. Por ese motivo si no tengo escapatoria y me veo obligado a jugar, aunque me esté muriendo de calor me protejo tres veces más que los demás. Ya sabes, la protección ante todo.

Una de las cosas que más me estresa de este juego, aparte de esas bolas de pintura que pegan durísimo en cualquier parte, es que nunca sabes dónde puede estar el enemigo, especialmente si el juego se desarrolla en lugares oscuros y cerrados.

Recuerdo que una vez para celebrar el cumpleaños de uno de mis hijos fuimos a jugar *paintball* y él escogió un escenario de buses viejos y abandonados. El grupo estaba conformado por unas doce o quince personas y eran como las nueve de la noche. (¡Más suspenso, imposible!). Nos distribuimos en dos equipos y empezó la diversión... para todos, menos para mí. Te explico por qué: en primer lugar, no tenía visibilidad; y en segundo, mis compañeros de equipo salieron corriendo, cada uno a su lugar de escondite, y yo me quedé solo dentro de un bus viejo esperando a ver quién pasaba por ahí para darle su balazo. La cosa se fue poniendo buena cuando vi que le pude dar a varios... hasta que me di cuenta de que eran de mi propio equipo. Definitivamente, me estaba convirtiendo en uno de los peores jugadores de la noche.

Sin embargo, lo que hizo más incómoda la jornada para mí fue la desesperación y el dolor de recibir balas de goma por todo el cuerpo sin saber de dónde venían. No te puedo explicar lo exasperante que resultó todo, porque yo solo sentía los golpes en el cuello o la espalda, y entonces disparaba como un loco hacia todos los lugares, pero no le pegaba a nadie (salvo a mis propios compañeros, por supuesto). Para hacerlo peor, mis contrincantes notaron mi debilidad y me tomaron de piñata, sin misericordia. Ese día me dije: «No creo que vuelva a los campos del *paintball*».

Te cuento todo esto porque así mismo ocurre en nuestra batalla mental y espiritual. Hay momentos en los que recibimos un ataque tras otro y no sabemos de dónde vienen ni por qué, solo sentimos las balas que golpean y quieren destruir, causando dolor en los sitios más sensibles e inesperados.

Esto sucede porque hay un francotirador escondido en algún lugar, esperando el mejor momento para lanzar sus misiles.

¿DÓNDE ESTÁ EL FRANCOTIRADOR?

Me encantan las películas basadas en la vida real, y si son de acción fuerte, mejor. Una de mis favoritas es *American Sniper* [El francotirador estadounidense]. En esta película, Bradley Cooper, en el papel protagónico, encarna a Chris Kyle, un francotirador destacado de la Navy SEAL[1] que ocupa uno de los primeros lugares en la lista de los soldados francotiradores con más número de muertes en su haber. Se dice que fueron más de 255, de los cuales hay 160 confirmados oficialmente que ejecutó en sus cuatro viajes durante la guerra en Irak.

FRANCOTIRADOR

Para quienes no tienen claridad con respecto a qué es un francotirador, diré que es un soldado de infantería experto en tareas de *camuflaje* y tirador de élite, que dispara con un fusil de alta precisión, a grandes distancias y desde lugares *ocultos*, a objetivos específicos y milimétricamente seleccionados y calculados.

Viendo esta película, me llamaron la atención algunas características de un francotirador:

Primero: el francotirador se sabe ubicar.

El francotirador busca el punto más estratégico desde donde pueda tener una visión perfecta de su objetivo, obviamente sin ser visto.

En la película, el protagonista se ubicaba en las terrazas de las casas, detrás de la ropa extendida, y desde allí lanzaba sus misiles. Así mismo hace el enemigo de nuestras almas: busca el lugar y el momento perfecto, se esconde, y desde su camuflaje opera y lanza sus misiles.

Quiero hacer énfasis en esto: Satanás se camufla, se esconde como la serpiente en Génesis 3. El apóstol Pablo nos habla de esto en su carta a los corintios:

> Y no es maravilla, porque el mismo Satanás se disfraza [camufla] como ángel de luz. (2 Corintios 2:14)

Muchos tienen una imagen del diablo con un tridente, cola larga y cara de espanto (y de alguna forma esto tiene sentido, pues los que han visto demonios saben que su figura espiritual es horrenda), pero cuando se trata de lanzar misiles, él nunca se mostrará como realmente es. Siempre se va a camuflar con el fin de esperar el momento justo, el argumento exacto y la bala precisa para atacar nuestra mente con pensamientos engañosos y destructivos que van en contra de la verdad de Cristo.

Segundo: el francotirador es muy paciente, sabe esperar.

Si hay alguien que no tiene prisa es el enemigo. Él siempre va a saber esperar para atacarnos en el momento exacto,

> Entonces Jesús fue llevado por el Espíritu al desierto, para ser tentado por el diablo. Y *después de haber ayunado cuarenta días y cuarenta noches*, tuvo hambre. Y vino a él el tentador. (Mateo 4:1-3, énfasis añadido)

Satanás no se acercó a Jesús en el río Jordán mientras el Padre lo afirmaba, tampoco lo tentó mientras estaba fortalecido en su carne, ni cuando estaba entrando al desierto. Satanás fue a Él cuando tenía hambre. En otras palabras, esperó hasta que Jesús estuviera débil físicamente para «lanzar su misil». El enemigo sabe bien en qué momento atacar.

Tercero: el francotirador es preciso y milimétrico en su objetivo.

Satanás no lanza sus dardos al azar; él sabe qué está atacando y tiene claro su objetivo.

Es importante que sepas que al diablo no le interesa derribar primero tu autoestima o tu dignidad, lo que le interesa embestir en primer lugar es la verdad de Dios sembrada en tu corazón. ¿De qué le sirve al hombre tener una autoestima sana, una buena salud mental o estabilidad emocional si no tiene a Cristo? Esa persona no es un objetivo del enemigo, porque él sabe que igual ya está perdida. Su objetivo son aquellos que tienen la verdad de Cristo sembrada en sus corazones. El Señor Jesucristo nos dijo que el maligno viene a arrebatar lo que ha sido sembrado en el corazón (Mateo 13:19).

SOMOS EL OBJETIVO DE UN FRANCOTIRADOR QUE ESTÁ LANZANDO SUS DARDOS MALIGNOS, NO SOLO PARA DESTRUIRNOS, SINO PARA DERRIBAR LA VERDAD DE DIOS EN NUESTRA VIDA.

Cuarto: el francotirador desaparece de la escena una vez que cumple su misión.

La estrategia operativa de Satanás es como la de los francotiradores, que se mueven rápidamente después de haber dado muerte a su objetivo. El enemigo es experto en hacer daño, meter cizaña, poner la bomba y luego hacerse a un lado, poniéndonos a pelear entre nosotros mismos y haciéndonos creer que el culpable de determinada situación es nuestro cónyuge, nuestros padres, nuestros amigos o nuestros hermanos de la iglesia.

Somos el objetivo de un francotirador que está lanzando sus dardos malignos, no solo para destruirnos, sino para derribar *la verdad de Dios* en nuestra vida. Satanás sabe que una vez que la verdad de la Palabra de Dios es debilitada, nos volvemos vulnerables a sus mentiras. Es por eso que en esta batalla su blanco número uno es nuestra mente, pues ese es el lugar donde se siembra la verdad de Dios.

¿Sabes cuántos pensamientos llegan a tu mente diariamente? Según la ciencia, somos capaces de generar aproximadamente sesenta mil pensamientos al día, de los cuales el 95 % surgen de manera automática, y de esos, la mayor parte resultan negativos. Casi el 80 % de nuestros sesenta mil pensamientos diarios son de miedo, temor, crítica destructiva, desorden sexual, duda, depresión, rabia, angustia, venganza y muchas otras cosas más. Es increíble cómo puedes estar hablando con alguien y al mismo tiempo dejar volar tu imaginación. Por ejemplo, cuando estamos en medio de una reunión donde nos sentimos atacados u ofendidos, nuestra mente va corriendo a mil por hora, imaginándonos diferentes tipos de situaciones y escenarios (la mayoría negativos). Si vemos alguna injusticia que nos causa ira, la mente empieza a maquinar una forma de venganza.

Quiero que pienses en esto. ¿A cuántas personas hemos matado en nuestra mente? ¿A cuántas hemos enfermado, accidentado, divorciado, encarcelado o mandado a la quiebra? ¿Cuántos pensamientos acerca de nosotros mismos hemos permitido que nos drenen y dañen no solo nuestra autoestima, sino sobre todo nuestra identidad en Cristo? Definitivamente, nuestra mente es un campo de batalla.

Muchos de esos pensamientos son misiles de parte del enemigo con el objetivo específico de destruir nuestra fe. La Biblia nos dice:

> *Sobre todo,* tomen el *escudo de la fe* con el que podrán apagar todos los dardos encendidos del maligno. (Efesios 6:16, NBLA, énfasis añadido)

La palabra que el apóstol Pablo usa para «dardos» es *belos*, que significa «proyectil». Obviamente, no se refiere a un proyectil moderno, sino a una flecha que ha sido lanzada desde un origen hacia un destino. Sin embargo, no solo es un dardo, flecha o proyectil, sino que está encendido, cubierto de fuego.

Tal vez has visto en las películas de guerra que en la antigüedad las flechas encendidas de los enemigos volaban por todas partes, pues esa es la imagen que Pablo utiliza en este versículo. No sabemos de dónde provienen y en qué momento llegarán los proyectiles del enemigo con el propósito de destruir la fe que ha sido sembrada en nuestra mente.

El francotirador se encuentra escondido en algún lugar lanzando flechas encendidas que llegan por cualquier parte y su blanco es nuestra mente.

Quiero reafirmar que cuando hablamos de flechas encendidas del enemigo, no estamos hablando solo de pensamientos de dolor, tristeza, ansiedad, venganza, derrota o algo por el estilo, sino también de pensamientos que van directamente en contra de quién es Cristo y su obra en nosotros. Digo esto porque cuando se habla de limpiar la mente o de tener una mente sana, muchos se enfocan solo en «sacar de la mente los pensamientos malos y llenarla de los buenos», pero eso no es lo que la Escritura nos dice. No se trata de una lucha de buenos pensamientos contra malos pensamientos. Estamos inmersos en una batalla entre la verdad y la mentira; entre los pensamientos de Dios para nosotros, que están claros en su Palabra, y los argumentos del diablo y nuestra propia naturaleza pecaminosa.

Los pensamientos de Dios están disponibles para nosotros a través de la Escritura.

> Porque mis pensamientos no son vuestros pensamientos [...] como son más altos los cielos que la tierra, así son mis

caminos más altos que vuestros caminos, y mis pensamientos más que vuestros pensamientos. (Isaías 55:8-9)

En otras palabras, Dios nos dice: «Es imposible que tú tengas mis pensamientos. Sencillamente, no puedes. Así como no puedes llegar al cielo desde la tierra, no puedes tener mis pensamientos a menos que tengas "algo"». Ese algo se describe en los siguientes versículos.

Porque como desciende de los cielos la lluvia y la nieve, y no vuelve allá, sino que riega la tierra, y la hace germinar y producir, y da semilla al que siembra, y pan al que come, así será mi palabra que sale de mi boca; no volverá vacía, sino que hará lo que yo quiero, y será prosperada en aquello para que la envíe. (Isaías 55:10-11)

¡Vaya! ¡Eso es espectacular! Dios dice: «Ustedes no tienen mis pensamientos, *pero si reciben mi Palabra,* esa Palabra en ustedes producirá una transformación tan poderosa que conocerán mis pensamientos a través de ella y *tendrán mi mente*». Entonces, cuando tengamos la Palabra de Dios en nuestra mente y nuestro corazón, tendremos la mente de Cristo.

Es por esta razón que al francotirador no le interesa que tengamos pensamientos «negativos», *a él le interesa que no tengamos los pensamientos de Dios.*

¡Ahí está descubierto el francotirador! Su estrategia siempre ha sido la misma: refutar y poner en duda las palabras que salen de la boca de Dios (ver Génesis 3:1, Mateo 4:6) para que no produzcan ni hagan la obra que tienen que hacer. Jesús lo ilustró increíblemente a través de la parábola del sembrador en Marcos 4:15, cuando describe a las víctimas del francotirador como aquellos que oyen la palabra, pero **al instante** viene Satanás y les roba lo que se ha sembrado en ellos.

Las balas de los francotiradores son precisas, de la misma manera que Satanás lanza sus dardos precisos para destruirnos. Por eso es importante tener el discernimiento afilado, ya que eso nos ayudará a detectar el escondite del francotirador, es decir, la raíz espiritual.

Veamos los dardos más comunes que se dirigen hacia nuestra mente:

El misil de la acusación

Luego oí en el cielo un gran clamor: «Han llegado ya la salvación y el poder y el reino de nuestro Dios; ha llegado ya la autoridad de su Cristo. Porque ha sido expulsado el acusador de nuestros hermanos, el que los acusaba día y noche. (Apocalipsis 12:10, NVI)

Muchos, cuando escuchan el nombre de Satanás, se asustan y piensan en un monstruo con cola y cachos, pero este nombre significa literalmente «alguien que acusa, señala y quiere imputar o declarar culpable a otro». Esa es la especialidad del enemigo.

Léeme con atención. Las primeras acusaciones de Satanás contra ti no son: «Eres feo», «Nadie te quiere y todos te rechazan» o «Eres bruto e incapaz». No. La primera acusación de Satanás tiene que ver con anular la obra de Cristo en la cruz: «Eres culpable y no serás perdonado»; en otras palabras: «La obra de la cruz y el sacrificio de Cristo no son suficientes para limpiar tu maldad». Él sabe que si creemos esa mentira, de ahí se desprenderán todas las demás. La cultura de la acusación es tan normal hoy en día, que resulta muy fácil acusarnos los unos a los otros sin miedo y sin temor de Dios.

En el capítulo 3 del libro de Zacarías, el profeta tiene una visión del sacerdote Josué, quien estaba delante del ángel del Señor con

Satanás a su derecha haciendo acusaciones. Sus vestiduras estaban sucias, pero el Señor ordena que le den ropas nuevas y reprende a Satanás diciéndole que Josué había sido escogido como un tizón arrebatado del fuego. Mira cuán especial resulta esto: aquello que nos defiende de los misiles de la acusación es la verdad de saber que los hijos de Dios somos escogidos para ser limpios.

El misil de la duda

Muchas veces pensamos en el diablo según nos lo han querido pintar: como un ser rojo con cola larga y un tridente. Sin embargo, la palabra «diablo» en griego es *diábolos*, que significa «calumniador y acusador», es decir, alguien que se entromete, engaña, destruye y condena. Este enemigo ha usado desde el principio la misma estrategia y empleado una de las armas que más funciona: la duda.

Mira lo que pasó en el huerto del Edén:

> Pero la serpiente era astuta, más que todos los animales del campo que Jehová Dios había hecho; la cual dijo a la mujer: ¿Conque Dios os ha dicho: No comáis de todo árbol del huerto? (Génesis 3:1)

Satanás utiliza la frase «Conque Dios os ha dicho» para dirigirse a Eva, a lo que ella responde con la instrucción dada por Dios a Adán, que Eva conocía perfectamente. En otras palabras, Satanás le dijo: «Dios les pudo dar una instrucción, pero yo tengo mi versión». Y es entonces cuando ella resulta herida por ese misil llamado duda, enviado por el enemigo para así robar la palabra de Dios que les había sido dada, como dijera nuestro Señor Jesucristo.

Estos que están junto al camino donde se siembra la palabra, son *aquellos* que en cuanto *la* oyen, al instante viene Satanás y se lleva la palabra que se ha sembrado en ellos. (Marcos 4:15, NBLA)

Este misil es muy común, aunque no es lanzado en primera instancia, sino que espera a que la palabra sea escuchada para luego entrar en acción y matar o robar esa semilla. Permíteme expresarlo de esta forma: si llega la duda acerca de lo que Dios ha dicho, eso es una *evidencia de que Él lo ha dicho*.

El antídoto para el misil de la duda es, obviamente, el escudo de la fe. Recuerda que la fe no es una actitud positiva; la fe es la sustancia espiritual que nos capacita para depositar nuestra esperanza en Cristo. Y por medio de esa fe estamos convencidos de que Dios lo dijo y lo hará. La fe implica fidelidad, aun en esos momentos donde solo escuchamos la voz del enemigo. Es entonces cuando esa fe en lo que hemos creído es probada.

El misil del engaño

Sigamos con la secuencia de misiles enviados por Satanás a Eva. Después de sembrar la duda con su pregunta, ahora viene a engañarla como señala Génesis 3:4-5

>—¡No morirán! —respondió la serpiente a la mujer—. Dios sabe que, en cuanto coman del fruto, se les abrirán los ojos y serán como Dios, con el conocimiento del bien y del mal.
>
>La mujer quedó *convencida*.

«No morirán» parecía ser una afirmación poderosa y severa, pero era todo un engaño. ¡Cuidado! No todo lo que se escucha con aseveración y firmeza necesariamente es verdad. Dios no grita, pero la mentira sí. Recuerda que quien envía esos misiles es el padre de la mentira, porque Satanás miente desde el principio (Juan 8:44).

MIENTRAS MENOS CONOZCAMOS LO QUE DIOS HA DICHO EN LAS ESCRITURAS, MÁS CREEREMOS LAS MENTIRAS DEL ENEMIGO.

Resulta interesante ver las mentiras que están engañando a esta generación, la cual considera que todo lo que se dice es verdad. Si alguien se levanta diciendo que se siente mujer siendo hombre y que esa es su verdad, entonces todos debemos aceptar y aprobar esa «verdad». Hay quienes gritan locuras que aseveran son verdades, pero la pregunta es: ¿en realidad lo son? En muchas iglesias se predica de todo y no se dice nada, cumpliéndose así lo que declara la Escritura en cuanto a que habrá espíritus de error y engaño (1 Timoteo 4:1). Todos esos son dardos usados por el enemigo para engañarnos.

Quiero dejar claro lo siguiente: el engaño de Satanás no va en contra de tu identidad, pues a él no le interesa lo que tú pienses; él va detrás de lo que Dios dice. Recalco lo anterior porque muchos encasillan las mentiras del enemigo solo a nivel emocional, relacionándolo con sueños personales o estados de ánimo (por ejemplo, aseguran: «El diablo me dice que soy feo o que no soy inteligente»). Con esto no estoy desvirtuando el hecho de que el enemigo usa a personas para dañar nuestra autoestima, pero el engaño del enemigo va más allá de decir que alguien es feo, bruto o incapaz. El engaño de Satanás está enfocado en desmentir lo que Dios ha hablado. Es por eso que mientras menos conozcamos lo que Dios ha dicho en las Escrituras, más creeremos las mentiras del enemigo.

El misil del placer

Y vio la mujer que el árbol era bueno para comer, y que era agradable a los ojos, y árbol codiciable para alcanzar la sabiduría; y tomó de su fruto, y comió, y dio también a su marido, el cual comió así como ella. (Génesis 3:6)

¿Qué tiene de malo una fruta si es muy saludable? Pues el asunto aquí es que aunque se veía bien, despertó en Eva algo que la Escritura llama *codicia*. La codicia es querer obtener de manera ilegal, arrastrado por mis deseos naturales, algo que va en contra de la voluntad de Dios y que más adelante traerá dolor y destrucción.

A Dios le encanta que sintamos placer con aquellas cosas que Él creó para nosotros, pero el placer tiene dos lados: uno negativo y uno positivo.

Por una parte, piensa en el deleite y placer que Adán y Eva experimentaban en el huerto que Dios creó para ellos (la palabra *Edén* precisamente significa «lugar de deleite»). Ese maravilloso huerto estaba lleno de vida, tenía ríos cristalinos (uno de los cuales recorría una región llena de oro, según Génesis 2:10-15) y había árboles con frutos de todos los sabores y colores. ¡Imagínate! Era el paraíso en el que toda persona quisiera vivir, con demasiada abundancia disponible para poderla disfrutar a plenitud, *excepto* el fruto de un árbol.

¡Un árbol! ¡Solo un árbol! Dentro de todo lo que podían disfrutar en abundancia, solo tenían *una* restricción y fue justo de ese fruto prohibido del que Eva comió. El misil del placer la llevó a sentirse atraída por lo deleitoso que ese fruto parecía ser. ¿No ocurre así en nuestras vidas? Hay muchas cosas hermosas que Dios nos da para disfrutar y deleitarnos, pero sobre todo para vivir en paz y en el gozo que nos produce tener una comunión hermosa con Él. Sin embargo, nuestra naturaleza pecaminosa, arrastrada por el placer destructivo, nos lleva hacia la muerte.

Este dardo del placer le funciona muy bien a Satanás, porque con nosotros sucede lo mismo que con Eva, quien «vio que era bueno y delicioso para comer», pero su fin fue la destrucción. Sin embargo, la bendición que nosotros tenemos es que contamos con el Espíritu Santo, la Palabra de Dios y nuestro Sumo Sacerdote, el segundo Adán, quien no pecó y nos ayuda en nuestra debilidad.

> Porque no tenemos un sumo sacerdote que no pueda compadecerse de nuestras flaquezas, sino uno que ha sido tentado en todo como *nosotros, pero* sin pecado. (Hebreos 4:15, LBLA)

Miles de años después, el tentador, la serpiente antigua (Apocalipsis 12:9) vino a tentar ya no a Eva y al primer Adán, sino al postrer Adán (1 Corintios 15:45), nuestro Señor Jesucristo, ya no en un paraíso lleno de ríos, frutas y oro, sino en un desierto (Mateo 4). Allí también Él fue tentado por Satanás, y de la misma manera que lo hizo con Eva, aunque esta vez sin éxito, el enemigo empezó a usar su estrategia basándose primero en la necesidad física del hambre (Mateo 4:3). Luego pretendió hacerlo caer en el orgullo retándolo a que se tirara del pináculo del templo en la ciudad santa (Mateo 4:5-6), y después trasladándolo a un monte alto desde donde le mostró los reinos del mundo y la gloria de ellos, ofreciéndoselos a cambio de que lo adorara (Mateo 4:8-10). Sin importar la estrategia, en todos los casos fracasó, porque se enfrentó con el Verbo, la Palabra hecha carne, nuestro Señor

Jesucristo, quien no solo conoce las Escrituras, ¡sino que es la Escritura misma!

Satanás se basó en el placer para tirar sus dardos, pero Jesús lo venció con la Palabra que no solo sabía, sino que vivía.

Cuando vengan los dardos, tenemos que apagarlos con el escudo de la fe, la cual viene por el oír y el oír por la Palabra de Dios.

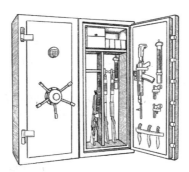

Vamos al armario

Como te mencioné al principio, en cada campo de batalla encontrarás un armario. ¿Por qué? Porque este libro está basado en verdades y prácticas espirituales que puedes poner en acción... ¡ya!

Visitemos entonces nuestro armario espiritual y saquemos de ahí las armas que necesitamos para conquistar esta batalla.

Primera arma: Ponte los binoculares

¿Has estado alguna vez en una montaña? ¿Has usado binoculares o prismáticos para ver mejor el paisaje?

Cuando vivía en Colombia, siempre visitaba una montaña llamada Monserrate y en su cima me gustaba usar una máquina de binoculares que funcionaba con monedas. Cuando fue recién instalada resultaba genial, porque con ella se podía ver la ciudad entera, pero ya después de tanto usarse se empezó a ver tan borroso, que lo único que uno percibía era el lente sucio.

En contraste, en otra ocasión tuve la oportunidad de escalar una montaña espectacular y los amigos con los que me encontraba me prestaron unos binoculares de alta visibilidad. Como estaba acostumbrado a mi maquinita de monedas, al principio fue muy gracioso, porque a pesar de que eran unos tremendos binoculares, veía todo borroso. En esta ocasión el problema no eran los prismáticos, sino yo, que no sabía cómo calibrarlos, pero una vez que aprendí, la experiencia resultó increíble. El espectro se amplió y pude ver en detalle muchas cosas que sin ese elemento no habría podido observar. Es fascinante cuando logras algo así.

En lo espiritual, Dios nos ha dado unos binoculares impresionantes para poder ver en el espíritu lo que no se puede ver con los ojos naturales. Estos binoculares son *el discernimiento*.

La Biblia nos exhorta a lograr por todos los medios «que Satanás no gane ventaja alguna sobre nosotros; pues no ignoramos sus maquinaciones» (2 Corintios 2:11). Lo que el Señor nos quiere decir a través del apóstol Pablo es que no podemos desconocer, ignorar y estar ciegos con respecto a las artimañas del diablo. La palabra «maquinaciones» viene del término griego *noema*, que significa «pensamiento o sentido». Es decir, sabemos cómo el diablo piensa y opera. Esto es algo que no debería sorprendernos, porque él no crea, sino que copia y repite lo que hace. Ha sido así desde el principio y sigue actuando de esta manera porque le da buen resultado.

Por eso es importante que podamos desarrollar la habilidad espiritual de discernir. El discernimiento es como esos binoculares que en el mundo espiritual nos muestran las flechas o misiles que vienen de parte del enemigo hacia ese objetivo llamado mente.

¿Cómo podemos desarrollar el discernimiento espiritual?

El apóstol Pablo les dice a los filipenses:

> Esto pido en oración: que el amor de ustedes abunde cada vez más en conocimiento y en buen juicio *para que disciernan lo que es mejor* y sean puros e irreprochables para el día de Cristo. (Filipenses 1:9-10, NVI)

Muchos tienen un amor falso hacia Dios, pero no un amor genuino, porque el amor genuino me lleva a conocer a la persona que amo. Amar genuinamente a Dios nos lleva a conocerlo, y una vez llenos de ese conocimiento, empezamos a ser transformados conforme a su imagen. Entonces logramos tener una lectura sensata de los asuntos espirituales e incluso naturales. Eso es el discernimiento. El versículo dice «que disciernan lo que es mejor», es decir, que puedan distinguir la verdad de la mentira, lo bueno de lo malo, y también que puedan escoger lo mejor.

Al tener al Espíritu Santo dentro de nosotros, Él nos guiará a distinguir lo que es correcto. Cuando tenemos la mente de Cristo podemos identificar y apagar los dardos encendidos de Satanás que quieren destruir nuestra fe en Cristo. Sin embargo, para que haya discernimiento debe haber un amor genuino por Dios, un amor transformador que me lleve a conocerlo más, pues es ese amor que me lleva al conocimiento de Dios el que produce en mí buen juicio, es decir, una correcta lectura de las cosas.

El discernimiento nos ayudará a detectar el escondite del francotirador.

Segunda arma: Usa el chaleco antibalas

Otra de nuestras armas contra los dardos del enemigo es nuestro chaleco antibalas, nada más y nada menos que el escudo de la fe.

> Además de todo eso, levanten el escudo de la fe para detener las flechas encendidas del diablo. (Efesios 6:16, NTV)

Me encanta cómo lo expresa la Nueva Traducción Viviente usando el término levanten. La palabra original en griego que se usa aquí es *analambáno* que significa «recoger, levantar algo que está caído».

Imagínate a un guerrero que tiene su escudo en el piso y lo están atacando con todo. ¿Qué es lo primero que hará? Correr para agarrar su escudo y protegerse. Ahora bien, tal vez lo primero que viene a nuestra mente es un escudo pequeño del tamaño del antebrazo, el cual cubre la parte superior del cuerpo, pero en ese tiempo los escudos no eran así. El escudo del que habla Pablo en el idioma original es llamado «el gran escudo» y era uno que cubría todo el cuerpo, con el que el soldado se podía proteger.

Del mismo modo, es tiempo de levantar la Palabra de Dios que hemos dejado caer en nuestras vidas. Es tiempo de refugiarnos en ella y usarla como escudo protector para apagar esas flechas, esos misiles encendidos del enemigo.

Recuerda, los misiles encendidos del enemigo no vienen a destruir nuestra autoestima; vienen a destruir la verdad y la imagen de Cristo sembrada en nosotros. Su objetivo principal es arrasar con todo lo que sea de Dios en nuestra vida; es decir, con toda palabra suya sembrada en nosotros. De esa forma, podrá destruir nuestra mente y nuestra visión de Dios y de nosotros mismos.

Más adelante, en otro capítulo, te enseñaré algunas formas de lograr ser más efectivo en el uso del chaleco y el escudo, pero primero quiero invitarte a que identifiques las flechas del enemigo que han estado turbando tu mente, bloqueándola para que no retengas la Palabra de Dios en ella.

Vamos a la trinchera

Has llegado a la trinchera, el lugar seguro para poner en práctica lo que has aprendido acompañado por uno o más soldados combatientes que caminan contigo. Ahora, al pie de la fogata, junto a tus compañeros de trinchera, haz los siguientes ejercicios con sinceridad y transparencia.

Sentémonos en la fogata

- Escribe una lista de los pensamientos o misiles que constantemente llegan a tu mente y después léela en voz alta (aunque estés solo).

- Clasifícalos según los cuatro tipos de misiles que te mencioné anteriormente: acusación, duda, engaño y placer.

- Lee, reflexiona, memoriza y habla acerca de estos textos bíblicos, usando el arma que encontraste en el armario:

    - Chaleco antibalas contra la acusación: Romanos 8:1.
    - Chaleco antibalas contra la duda: Números 23:19.
    - Chaleco antibalas contra el engaño: Juan 8:47 y Juan 10:27.
    - Chaleco antibalas contra el placer: Romanos 8:13.

- Si tienes compañeros de trinchera, muéstrales esa lista y pídeles que oren por ti.

> **IMPORTANTE:** ¿Le tienes miedo a las granadas? Conocerás acerca de ellas en el siguiente capítulo, pero no avances hasta el próximo campo de batalla hasta que hayas pasado primero por la trinchera.

CAPÍTULO DOS

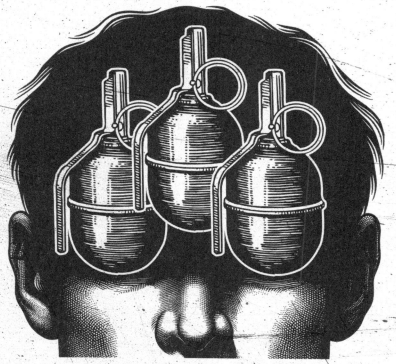

GRANADAS EN MI MENTE

Creo que ya te mencioné que me encantan las películas con mucha acción, y entre las que más me gustan están las protagonizadas por el actor Mark Wahlberg, en especial una llamada *Milla 22* que se grabó en Bogotá en el año 2018.

Esta película trata acerca de un oficial de inteligencia estadounidense de élite que intenta sacar del país a un misterioso oficial de policía, el cual posee información confidencial, con la ayuda de una unidad de comando táctico ultrasecreto. Lo que complica todo es que, del otro lado, sus enemigos intentan a toda costa impedir que esto suceda, desatando una peligrosa persecución con balas, misiles y peleas cuerpo a cuerpo.

Una de las escenas que considero de las más impactantes es cuando el oficial James Silva (Mark Wahlberg) y su equipo se ven acorralados, mientras que una de sus piezas claves, uno de sus mejores elementos, es herida de muerte. Ella se encontraba sola, agonizando, sabiendo que no había nada que hacer, pues dentro de muy poco sus enemigos llegarían a acabar el trabajo. No obstante, tenía algo en sus manos: dos granadas listas para ser detonadas, a la espera de que los victimarios se convirtieran en víctimas. Entonces, al llegar los enemigos, ella las hace explotar y todo a su alrededor sale volando. La cruenta escena finaliza con carros quemados y cuerpos destrozados y esparcidos por todas partes.

En este momento me imagino que alguien (incluyendo a mi esposa, que siempre me regaña por eso) dirá: «Pastor, ¿qué hace viendo esas cosas tan feas?», y mi respuesta es: «No sé, pero me gusta». Sin embargo, ese no es el punto (porque creo que eso ya no se quita ni con oración y ayuno); el punto es que así como esas granadas de la película tienen tal poder destructor, lo mismo ocurre con las granadas que estallan en nuestra mente.

Quiero que pienses por un momento en la desolación que producen las granadas y el desorden y la destrucción que dejan tras su explosión. Ahora considera que eso mismo ocurre en nuestras mentes cuando dejamos explotar granadas espirituales en nuestro interior.

LA MENTE SE ALIMENTA DE LO QUE VEMOS, LO QUE ESCUCHAMOS, LO QUE PERCIBIMOS Y LO QUE HABLAMOS.

Permíteme darte un ejemplo más específico: escuchas algo negativo que se anida en tu mente y en vez de ponerle el seguro a esa granada, dejas que explote dentro de ti y cause un caos mental. Entonces ya no puedes enfocarte, dentro de ti queda una semilla en contra de alguien, te sientes perturbado e incluso no puedes dormir por toda la desolación y la destrucción que la explosión de esa granada causó.

Más adelante veremos algunas granadas que son muy comunes y se anidan en nuestra mente *sin seguro*. Sin embargo, antes de hablar de esto, debemos tener en cuenta los sentidos, porque la mente se alimenta de lo que vemos, lo que escuchamos, lo que percibimos y lo que hablamos. Enfoquémonos por ahora en las granadas que surgen de lo que vemos y lo que escuchamos.

Lo que vemos

Hay granadas que son dañinas, pero otras son mortales. Crecí en Bogotá, Colombia, y en esa época el narcotráfico y la delincuencia común estaban en pleno furor. Los robos, secuestros, bombas y atentados terroristas estaban a la orden del día, por lo que en mi adolescencia vi escenas muy fuertes que quedaron grabadas en mi mente. Por ejemplo, cerca de donde vivía mataron a la «reina de la coca» y dejaron su cuerpo tirado frente a su casa. La gente simplemente pasaba y seguía de largo, pero el impacto de lo que presencié quedó grabado en mi mente. Años más tarde, me encontraba en el centro de Bogotá y vi cómo un joven de unos dieciséis años se bajó de una moto y le dio tres balazos en la cabeza a otro hombre que estaba caminando por la calle. Ese fue otro episodio impactante, pero gracias a Dios ninguna de estas dos escenas dejó en mi mente un trauma.

Más bien, fue en la sala de mi casa donde vi algo que se introdujo en mi mente y sí dejó consecuencias. Fue una gran granada que durante años explotó una y otra vez, haciéndome mucho daño.

Tenía unos catorce años de edad y estaba viendo televisión en mi casa una tarde cualquiera, cuando de repente apareció en la pantalla la imagen de una mujer desnuda. Nunca había visto algo así, nunca había visto los senos de una mujer ni sus partes íntimas, y aunque al principio me quedé impactado, me sentí atraído de una manera tan fuerte que permanecí mirando por unos minutos el televisor y luego lo apagué. Solo esos pocos minutos fueron suficientes para que aquella imagen se metiera en mi mente junto a una cadena de granadas sin seguro que habrían de explotar por los siguientes años.

Recuerdo que esa noche me fui a mi cama y empecé a recordar las imágenes de la mujer desnuda. Comencé a percibir una sensación que nunca había tenido, lo cual me llevó a experimentar por primera vez la masturbación.

Sé que algunas personas se sentirán incómodas al leer esto, pero es más incómodo no hablarlo y pretender que nacemos perfectos y libres de errores. Quiero decirte que parte del propósito de este libro es que puedas ver que el que está escribiendo ha tenido luchas muy fuertes y que tal vez son las mismas que tú enfrentas y que nadie conoce. Muchas personas critican a otras por abordar temas fuertes, pero lo que no dicen es que ellas mismas lidian con esas cosas e incluso peores, pero que por miedo o temor permanecen calladas. Esa es la razón de ser de este libro: *confrontarnos con esas batallas silenciosas.*

Volviendo a mi historia, a partir de entonces empecé a masturbarme constantemente, porque eso me hacía experimentar sensaciones que nunca había vivido. Aquello me tuvo esclavo por muchos años hasta que encontré la verdadera libertad en Cristo. Mi objetivo al contar esto es que entiendas que todo empezó con una granada en mi mente que se introdujo por los ojos, como vimos en el capítulo anterior que sucedió en el caso de Eva y la serpiente.

La inmoralidad sexual se alimenta por medio de los ojos. El poder de una imagen resulta impresionante, así como los estragos que puede causar. Una imagen nociva es capaz de provocar daños muy fuertes que llevarán a graves consecuencias. Más adelante, cuando vayamos al armario, nos equiparemos con armas poderosas que nos ayudarán a tener una mente limpia de granadas asesinas. Y no solo me refiero a las que tienen que ver con la depravación sexual, sino también a las granadas letales en forma de recuerdos desagradables en la mente de personas que han tenido que presenciar el maltrato de su papá a su mamá, borracheras en casa, injusticias, engaños, traiciones y un sinnúmero de incidentes que marcan el corazón. Incluso dentro de las iglesias, muchos se han alejado heridos y no han querido volver porque vivieron o presenciaron situaciones que no eran correctas.

Tal vez tú eres una de esas personas, y si es así, quiero decirte que no fue tu culpa, tú solo estabas ahí. Otros te usaron, te manipularon y eso dañó la imagen que tenías de ciertas personas, produciendo mucho dolor en tu vida. Esas son granadas que quedaron en tu mente, a las que les quitas el candado cada vez que recuerdas esos episodios y terminan explotando una vez más en tu cabeza, llevándote de nuevo al lugar y el momento de ese suceso.

Lo que escuchamos

Las granadas no solo se introducen en nuestra mente por medio de lo que vemos, sino también de lo que escuchamos. Hay una historia que viene como anillo al dedo en cuanto a este tema.

Moisés, el gran líder de Israel, guía al pueblo de Dios fuera de la tierra de Egipto después de cuatrocientos años de esclavitud (Éxodo 12:37). Dios había liberado al pueblo por medio de Moisés con mano poderosa y muchos prodigios nunca vistos, ni antes ni después. Entonces comienzan una travesía por el desierto que tenían que cruzar. El plan original era que ese viaje durara cuarenta días y después de eso ya pudieran entrar a su tierra prometida, una tierra que fluía leche y miel (Éxodo 3:17). Sin embargo, por la necedad y la rebeldía del pueblo, lo que debió demorar cuarenta días se convirtió en una jornada dolorosa que duró cuarenta años (Números 32:13).

Hay un episodio muy interesante dentro de esta historia que fue clave para que ese peregrinaje se extendiera y toda una generación que salió de Egipto con grandes señales y una promesa increíble muriera en el desierto. Este relato es uno de los más tristes en la historia de Israel mientras deambulaban por el desierto.

> Entonces toda la comunidad empezó a llorar a gritos y así continuó toda la noche. Sus voces se elevaron en una gran protesta contra Moisés y Aarón: «¡Si tan solo hubiéramos muerto en Egipto o incluso aquí en el desierto!» —se quejaban—. ¿Por qué el Señor nos está llevando a esta tierra solo para que muramos en batalla?». (Números 14:1-3, NTV)

Esta fue la reacción de más de un millón de personas (que era el número de los que salieron de Egipto según Éxodo 12:37, que reporta a seiscientos mil hombres de a pie sin contar las mujeres y los niños).

¿Te puedes imaginar a más de un millón de personas llorando a gritos toda la noche y protestando en contra de Moisés? ¿Y todo por qué? Por un reporte equivocado que escucharon. Moisés había enviado a doce hombres a inspeccionar la tierra prometida, todos príncipes de Israel, líderes con autoridad, entre los que se encontraban Caleb y Josué, quien después llegó a ser el líder de Israel. Estos espías fueron y vieron de primera mano cómo era el lugar que iban a conquistar y encontraron que era una tierra muy buena, como Dios les había dicho, pero en la que vivían gigantes que nunca habían visto.

Es interesante notar que los diez espías incrédulos vieron lo mismo que presenciaron Josué y Caleb, pero el reporte fue distinto debido a que la cosmovisión de estos dos hombres era diferente. Josué y Caleb tenían un espíritu superior a los demás.

Consideremos el reporte de Caleb:

> Caleb trató de calmar al pueblo que se encontraba ante Moisés:
>
> —¡Vamos enseguida a tomar la tierra! —dijo—. ¡De seguro podemos conquistarla! (Números 13:30, NTV)

Este valiente no estaba poniendo granadas en la mente del pueblo, sino semillas de fe. Aun así, el pueblo prefirió escuchar y recibir las granadas de los otros diez espías.

> Pero los demás hombres que exploraron la tierra con él, no estuvieron de acuerdo:
>
> —¡No podemos ir contra ellos! ¡Son más fuertes que nosotros!
>
> Entonces comenzaron a *divulgar entre los israelitas* el siguiente informe sobre la tierra: «La tierra que atravesamos y exploramos devorará a todo aquel que vaya a vivir allí». (Números 13:31-32, énfasis añadido)

¡Qué clase de granada permitieron que se introdujera en sus mentes! ¡Y sin seguro! Esa granada explotó de inmediato: escucharon el reporte, lo imaginaron, sacaron conclusiones y se manifestaron negativamente frente a Dios y Moisés. A esta granada yo le llamo «la granada del desánimo».

Otra granada muy común es el *chisme*. Esta resulta muy poderosa, porque es como un imán que atrae a los necios, los envuelve y los hace caer, como un insecto en un plato lleno de miel. El chisme es como miel para el necio.

> Los chismes son deliciosos manjares; penetran hasta lo más íntimo del ser. (Proverbios 18:8, NVI)

EL CHISME NOS ENVENENA TANTO QUE NOS HACE SER DESCONFIADOS, TÓXICOS Y PREPOTENTES.

El chisme nos envenena tanto que nos hace ser desconfiados, tóxicos y prepotentes; cambia en nuestra mente la imagen de las personas, e incluso terminamos hablando mal de quienes ni siquiera conocemos. Al sacar esa granada de nuestra mente y llevarla a nuestra boca, lo que hacemos es darle poder para que estalle cuantas veces quiera, dejando estragos con cada explosión en nosotros y las personas que nos rodean.

Pudiéramos hablar de decenas de granadas que vienen a hacerle daño a nuestra mente, pero creo que a estas alturas ya puedes identificarlas. Tenlas presente, porque cuando vayamos al armario las confrontaremos y desarmaremos.

GRANADAS SAGRADAS

Juan Calvino dijo: «El corazón es una fábrica de ídolos».[1] Muchas veces tenemos granadas en nuestra mente que son «sagradas». Se trata de esos pensamientos que de repente dejaron de ser amenazas o enemigos y se convirtieron en ídolos. Espera... necesito decirte esto otra vez: ¡eran *enemigos* y se convirtieron en ídolos!

En otras palabras, estos pensamientos al principio resultaban inaceptables, pero poco a poco fueron ganando espacio en nuestra mente y ahora tienen su propio lugar, «su trono», por decirlo así. Es más, ya esas granadas hasta nos gustan y las defendemos.

SI TIENES QUE SACRIFICAR TU RELACIÓN CON DIOS PARA TENERLO, SE TRATA DE UNA «GRANADA SAGRADA» Y DEBES SACARLA DE TU MENTE CUANTO ANTES.

Para saber si en tu vida hay algunas «granadas sagradas», pregúntate: «¿Hay cosas que antes no eran negociables para mí y que ahora se han vuelto normales en mi manera de pensar?». Por ejemplo, hábitos dañinos, la cultura del mundo, pensamientos humanistas. Para saber si «eso» es una granada y no algo de beneficio en tu vida, solo debes analizarlo de este modo: si tienes que sacrificar tu relación con Dios para tenerlo, se trata de una «granada sagrada» y debes sacarla de tu mente cuanto antes.

Ya está claro cuál es el arma que el enemigo emplea en este campo de batalla, así que ahora...

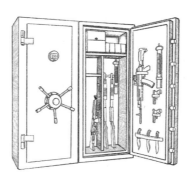

Vamos al armario

Cada granada cuenta con un seguro en la parte de arriba y un resorte que es manipulado con una palanca pequeña. Una vez quitado el seguro, la explosión depende de aquel que la sostiene; es decir, la persona solo tiene que dejar de apretar con su mano la palanca externa de la granada y lanzarla lo más lejos posible a fin de que estalle, porque no tendrá más de cinco segundos para correr o protegerse.

No soy experto en armas, pero conozco lo suficiente para poder hacer la similitud necesaria y aplicarla a las granadas espirituales y los seguros que necesitamos mantener en su sitio para evitar que exploten. Veamos algunos de ellos:

El seguro del sometimiento

Las granadas espirituales que quieren venir a explotar en nuestras mentes requieren un seguro, es decir, necesitamos aprender a someter esos pensamientos contrarios a la Palabra de Dios y el diseño original y llevarlos cautivos.

> Capturamos los pensamientos rebeldes y enseñamos a las personas a obedecer a Cristo. (2 Corintios 10:5, NTV)

Lo que el apóstol Pablo dice aquí es algo poderoso, pretendiendo con ello hacerles ver a los creyentes en Corinto que tienen el poder para someter todo pensamiento que los quiera desviar de la verdad de Cristo que ha sido sembrada en ellos. La versión Reina Valera lo expresa de esta manera:

> Llevando cautivo todo pensamiento a la obediencia a Cristo. (2 Corintios 10:5)

Hay granadas mentales cuyo propósito es destruir la verdad en nosotros, pero tenemos el poder en Cristo para capturarlas y llevarlas a que lo obedezcan a Él. La clave aquí es *someter* los pensamientos contrarios usando las armas espirituales que Dios nos ha dado, pues «no militamos según la carne» (2 Corintios 10:3).

HAY GRANADAS MENTALES CUYO PROPÓSITO ES DESTRUIR LA VERDAD EN NOSOTROS, PERO TENEMOS EL PODER EN CRISTO PARA CAPTURARLAS Y LLEVARLAS A QUE LO OBEDEZCAN A ÉL.

Los pensamientos que no sometemos a la obediencia a Cristo resultan peligrosos; son como esa granada sin seguro que destruirá todo en el menor tiempo posible. Piensa en esto: ¿cuántas veces has lidiado con granadas mentales que no has sometido a la obediencia a Cristo y te han hecho mucho daño? Es tiempo de usar las armas espirituales que Dios nos ha dado para someter esos pensamientos en oración y con el poder de la Palabra.

SI ESTÁS SOMETIDO Y ARMADO, LO QUE DOMINARÁ TU MENTE SERÁ LA MENTE DE CRISTO.

Te doy un ejemplo práctico: cuando viene una granada sin seguro a mi mente (puede ser una granada de inmoralidad, deserción, incredulidad o pensamientos que quieren explotar), inmediatamente la llevo cautiva en oración, la ato y la someto a la obediencia a Cristo, entonces esa granada se desactiva y esos pensamientos huyen.

Ahora bien, es importante aclarar que no solo se trata de someter los pensamientos, sino someternos nosotros mismos, venciendo a nuestra naturaleza pecaminosa. Recuerda esto: mientras más tu naturaleza pecaminosa domine tu vida, más pensamientos contrarios inundarán tu mente; pero si estás sometido y armado, lo que dominará tu mente será la mente de Cristo.

Creo firmemente que hoy, al leer este libro, tu mente está siendo transformada y no serás más esclavo de esas granadas mentales. ¡No más caos!

El seguro de la verdad

Así como los lomos necesitan un cinturón, la granada necesita un seguro. Me encanta cómo el apóstol Pedro relaciona los lomos con la mente cuando dice: «Por tanto, ceñid los lomos de vuestro entendimiento» (1 Pedro 1:13). El apóstol Pablo también exhorta a los efesios a mantenerse firmes y ponerse el cinturón de la verdad. Ese es el seguro protector tan necesario: *la verdad*.

Estad, pues, firmes, ceñidos vuestros lomos con la verdad. (Efesios 6:14)

UNA PERSONA QUE HA CODIFICADO SU MENTE CON LA VERDAD NO DEJARÁ QUE LAS GRANADAS SE INTRODUZCAN EN SU CABEZA.

Una persona que ha codificado su mente con la verdad no dejará que las granadas se introduzcan en su cabeza. ¿Recuerdas que en las películas de guerra cuando alguien le tira una granada a su enemigo el que la recibe la lanza de vuelta inmediatamente? Así mismo funciona el sistema de la verdad de la Palabra en nosotros. Ese sistema inmune que defiende la verdad de Cristo en nosotros se levanta inmediatamente para rechazar y refutar todo pensamiento altivo y desobediente a Dios.

Así que las preguntas son: ¿Cómo está tu cinturón? ¿Tu mente y tu entendimiento están ceñidos? ¿Está la verdad sembrada, afirmada y arraigada en ti? Si no es así, las granadas vendrán, harán nido en tu mente y explotarán sin compasión.

La Nueva Traducción Viviente lo expresa de esta manera:

Defiendan su posición poniéndose el cinturón de la verdad. (Efesios 6:14, NTV)

Me encanta la palabra «defiendan». Si te percatas, toda la armadura de Dios que se describe en Efesios 6 es más de defensa que de ataque. Hay solo un arma para el ataque, la espada del Espíritu, que es la Palabra de Dios.

ES TIEMPO DE BUSCAR LA VERDAD, CONOCER LA VERDAD, CREER EN LA VERDAD, PARARSE SOBRE LA VERDAD Y VIVIR LA VERDAD.

El término griego que en esta versión de la Biblia se traduce como «defiendan» es *ístemi*, que quiere decir «pararse firme y quedarse así». En otras palabras, Pablo nos dice: «Párense firmes y manténganse así, poniéndose el cinturón de la verdad, y la verdad es la misma Palabra de Dios». Sin embargo, no podemos pararnos sobre algo en lo que no creemos, no podemos creer en algo que no conocemos y no podemos conocer algo que no hemos buscado. Así que es tiempo de buscar la verdad, conocer la verdad, creer en la verdad, pararse sobre la verdad y vivir la verdad. Esta es la clave de todo, y si pudiera resumir este libro en una frase, esa sería la que acabas de leer.

Mira lo que oyes

Jesús dijo: «Mirad lo que oís» (Marcos 4:24), y con esto no se refería a mirar con los ojos físicos, sino con los ojos del espíritu y la mente. Cuando la Palabra de Dios penetra por nuestros oídos, produce en nosotros un pensamiento claro de quién es Cristo y establece en nuestra mente una identidad, pero también abre nuestro entendimiento para crecer en nuestra imaginación, alineada a sus deseos y propósitos.

¿Cuánto tiempo del día dedicas a escuchar y ver cosas que destruyen tu mente? Lo que escuchas y ves genera en tu mente una imagen que a su vez va dando a luz una cosmovisión. A partir de ahí, tu lenguaje se va ajustando a lo que tu mente recibe y todo eso se convierte en tu manera de percibir las cosas.

Vamos a la trinchera

Recuerda que la trinchera es el lugar seguro donde tú, junto con tu grupo de soldados (que deben ser de tu mismo sexo), comparten las experiencias aprendidas en el campo de batalla y realizan las tareas antes de pasar al siguiente campo. No obstante, si te encuentras solo en la trinchera, no hay ningún problema, el Espíritu Santo te acompaña.

Sentémonos en la fogata

> Haz una lista escrita de qué música estás escuchando y qué tipo de contenido expone.

> Haz otra lista indicando qué series estás viendo constantemente y qué tipo de contenido presentan.

Responde y comparte con tus compañeros de trinchera:

> ¿Qué tanto tiempo estás dedicando a leer, estudiar y meditar en la Palabra de Dios?

> ¿Con qué pensamientos estás luchando fuertemente durante la noche?

Ahora toma un texto de la Escritura, estúdialo y medita en él. Luego ora sobre lo que Dios te está diciendo por medio de ese texto. Te aconsejo ayudarte con este ejercicio.

> Ora antes de leer y pídele al Espíritu Santo que te hable.

> Busca en el texto bíblico lo siguiente: un pecado que evitar, un mandato que seguir y una promesa que creer.

Importante: ¡No avances al siguiente campo de batalla antes de pasar por la trinchera!

CAPÍTULO TRES

TIRO AL BLANCO

Hace unos años atrás estuve disparando con un amigo... bueno, en realidad aprendiendo a disparar, pues era la primera vez que tenía contacto con las armas. Mi amigo es muy aficionado a las armas, algo que yo no soy, y trajo todo su armamento (unos diez diferentes tipos de armas de corto y largo alcance con sus municiones) para que yo pudiera intentarlo. Fue toda una experiencia, exceptuando el hecho de que cuando traté de darle al blanco, pasé la vergüenza más grande, porque le di a todo menos a lo que le tenía que dar.

El hecho de que no pudiera acertar llamó mi atención y me hizo pensar. Aparte de que obviamente soy un novato, pude concluir que hubo además otros factores que influyeron en mi mala puntería. Por ejemplo, sabía cuál era el objetivo, pero mi visión no era precisa; es decir, conocía el punto de referencia, pero no era capaz de calcular mi visión desde el arma.

Así mismo sucede con muchos de nosotros. Sabemos lo que tenemos que hacer, lo vemos de lejos, en ocasiones pedimos consejería o asesoría, y seguimos diciéndonos a nosotros mismos y a los demás: «Ya lo sé, ahí está el blanco». Sin embargo, al mismo tiempo nuestra mente se encuentra tan nublada que no sabemos cómo apuntar y acertar.

La palabra «pecado» en hebreo es *kjatá*, y en griego, *hamartia*, significan en ambos casos «no darle al blanco»; es decir, errar. Esto, aplicado a nuestras vidas espirituales, quiere decir fallar, faltar, defraudar, delinquir o pervertir. El problema es que por lo general solo asociamos el pecado con hacer lo malo, lo cual es cierto, porque pecar es hacer lo malo delante de Dios; sin embargo, la mayoría de las veces ignoramos que *no hacer lo bueno* también es pecar.

Al que sabe hacer lo bueno, y no lo hace, le es pecado. (Santiago 4:17)

Esto quiere decir que, sin saberlo, muchos estamos pecando no por hacer algo, sino por *no* hacerlo. No le estamos dando al blanco, no estamos creciendo en nuestros hábitos espirituales, no estamos haciendo la voluntad de Dios; más bien, estamos desactivados de la obra de Dios, enfocados solo en nuestras necesidades, sin cumplir con el propósito de Dios para nuestras vidas.

SIN SABERLO, MUCHOS ESTAMOS PECANDO NO POR HACER ALGO, SINO POR *NO* HACERLO.

Tal vez le estamos dando al blanco en algunos aspectos como la economía, el estudio, bajar de peso, realizar algún proyecto... y eso es muy bueno, pero el blanco más importante es lo que sembramos en nosotros para la eternidad. Entonces, si estamos enfocados en todo menos en nuestra comunión con el Señor, sencillamente no le estamos dando al blanco, porque nuestra mente no se encuentra alineada con los propósitos de Dios.

Mucha gente no conoce los propósitos de Dios porque no conoce sus mandatos, sus instrucciones, su Palabra. En otros casos, sentimos en nuestro interior esa voz que nos dice: «¡Hey, es por aquí!», y tenemos una idea de dónde está el blanco y lo que tenemos que hacer, pero nuestra mente está tan embotada que no nos movemos hacia el destino y el plan correctos.

CUANDO TENEMOS CONCIENCIA DE QUE NO SOLO PECAMOS CUANDO HACEMOS LO MALO, SINO TAMBIÉN AL NO PRACTICAR LO CORRECTO, ENTONCES SEREMOS MÁS INTENCIONALES EN PONER POR OBRA LO QUE DIOS YA PREPARÓ PARA NOSOTROS.

Permíteme decirte por qué muchos vuelven a caer una vez que han sido restaurados. La razón no es necesariamente que vuelvan a lo que hacían antes, a tener hábitos dañinos y destructivos, sino que no ponen en práctica las obras de las que hablan las Escrituras, «buenas obras, las cuales Dios preparó de antemano para que anduviésemos en ellas» (Efesios 2:10). Entonces, cuando alguien deja de hacer lo malo, pero no cambia su conducta para hacer lo bueno, más temprano que tarde regresa a su antigua condición, realizando las mismas acciones anteriores y aún peores. Cuando tenemos conciencia de que no solo pecamos cuando hacemos lo malo, sino también al no practicar lo correcto, entonces seremos más intencionales en poner por obra lo que Dios ya preparó para nosotros.

Otra de las razones por las que no le pude dar al blanco cuando fui con mi amigo a disparar fue porque mi mano no era firme; es decir, podía ver el objetivo, pero al momento de disparar la mano me temblaba. No tenía la fuerza suficiente, porque mis músculos no estaban preparados para sostener un arma. La imagen era muy graciosa y dentro de mí pensaba: «Mejor me dedico a tocar las maracas en un grupo musical».

Recuerdo que en una de las películas de James Bond, protagonizada por Daniel Craig (mi James Bond favorito), su brazo quedó muy herido y cada vez que disparaba resultaba un desastre. Sin embargo, al practicar una y otra y otra vez, su precisión a la hora de disparar volvió a ser la de antes. Así mismo ocurre cuando dejamos de practicar la verdad y la justicia, cuando dejamos de servir, perdonar, orar, adorar y escudriñar las Escrituras. Nos convertimos en unos pecadores constantes, y no porque necesariamente estemos en el mundo pecando, sino porque no estamos enfocados, no le estamos dando al blanco.

El apóstol Pedro nos lo dice de esta manera:

> Precisamente por eso, esfuércense por añadir a su fe, virtud; a su virtud, conocimiento; al conocimiento, dominio propio; al dominio propio, constancia; a la constancia, devoción a Dios; a la devoción a Dios, afecto fraternal; y al afecto fraternal, amor. Porque estas cualidades, si abundan en ustedes, los harán crecer en el conocimiento de nuestro Señor Jesucristo y evitarán que sean inútiles e improductivos. (2 Pedro 1:5-8, NVI)

¡Qué poderoso lo que Dios nos está diciendo aquí! Y hay dos maneras de considerarlo. Una es contestando: «¡Ay, nooooo! ¡Eso resulta muy difícil! De solo leerlo ya me doy por vencido», y la otra es viéndolo de la forma correcta. Esta implica decir que ciertamente necesitamos esforzarnos para añadir a nuestra fe y crecer, pero una cosa nos llevará a la otra: la fe nos lleva a la virtud, la virtud al conocimiento, el conocimiento al dominio propio, y así sucesivamente. Es como un imán con el que todo se va atrayendo. La razón por la cual Pedro nos ordena hacer esto es porque si lo hacemos, no erraremos, no estaremos ociosos, sino que por el contrario, seremos productivos y útiles. En otras palabras, no seremos como yo cuando le disparaba a todo menos al blanco.

Sun Tzu, un general y estratega chino que vivió alrededor del siglo quinto antes de Cristo, decía en uno de los libros sobre estrategias de guerra de sus colecciones: «Los ejércitos solo deben enfrentarse a su rival siempre y cuando tengan una batalla clara».[1] Muchas personas fallan en esto hoy en día. Sabemos que tenemos un enemigo, conocemos los problemas que padecemos y los podemos nombrar y definir con nuestras palabras, pero aun así no le damos al blanco, porque nuestra mente no ha sido codificada con la Palabra de Dios. Como se dice por ahí: «No la tenemos clara». Mientras la mente esté desubicada y nublada, y no conozcamos nuestra batalla, será muy difícil acertar en el blanco.

El enemigo sabe que si tiene cauterizada nuestra mente, de nada servirá asistir a eventos cristianos, interactuar con otros hermanos en la fe, o escuchar un poquito de adoración por aquí y otro poquito de allá. Mientras nuestros pensamientos estén codificados según el mundo y no con los códigos militares de las Escrituras, estaremos dando vueltas como Israel en el desierto.

IDENTIFIQUEMOS AL ENEMIGO

La venda del rehén

Una de las experiencias más dolorosas que alguien puede vivir es un secuestro: ser llevado como rehén en contra de su voluntad y privado de su libertad a cambio de algo. Usualmente, a los rehenes se les atan las manos y son vendados para que no reconozcan los lugares ni las ubicaciones.

Una de las historias más impresionantes sobre la que he leído y tuve la oportunidad de presenciar en las noticias de mi país, Colombia, es la liberación de Íngrid Betancourt, una mujer que fuera líder política, exmiembro del senado de la República de Colombia y excandidata a la presidencia de la nación.

Íngrid fue secuestrada por la guerrilla de las FARC (Fuerzas Armadas Revolucionarias de Colombia) el 23 de febrero de 2002, en un momento en el que el país enfrentaba una crisis política y de seguridad muy fuerte bajo el gobierno del entonces presidente Andrés Pastrana. Este había decidido suspender las conversaciones de paz y retomar el control militar de una zona territorial cedida a la guerrilla, y después de una rueda de prensa la entonces candidata a la presidencia decidió ir a las zonas más profundas de San Vicente del Caguán, un área altamente peligrosa y dominada por la guerrilla. El gobierno no garantizaba su seguridad, pero aun así ella continuó su travesía en compañía de su asistente, Clara Rojas. Como era de esperarse, minutos después fueron secuestradas y llevadas a las montañas como rehenes políticos.

Íngrid estuvo secuestrada casi seis años, durante los cuales intentó escapar en varias ocasiones sin éxito. También tuvieron lugar algunas intervenciones de diferentes países y dirigentes políticos, pero nada lograba convencer a los secuestradores.

El secuestro de Íngrid Betancourt, uno de los más recordados en la historia de Colombia, finalizó el 2 de julio de 2008, cuando fue liberada tras una operación militar llamada «Operación Jaque». Este operativo es uno de los más interesantes en la historia militar de Colombia, porque se lograron infiltrar militares en la cúpula guerrillera que aprendieron sus códigos para poder interceptar sus líneas de comunicación. De esta forma, se hicieron pasar por altos mandos guerrilleros y dieron instrucciones a los secuestradores sobre a dónde tenían que llevar a Íngrid. Estos cayeron en la trampa y la trasladaron a ese punto específico, creyendo que la llevarían ante sus superiores, pero sin saber que estaban entregando su mayor trofeo al mismísimo Ejército Nacional, siendo ellos ahora quienes perderían su libertad.

El momento más emocionante fue cuando trasladaron a Íngrid al punto de encuentro con sus ojos vendados. Ella obviamente no sabía dónde estaba ni para dónde iba (al contrario de sus secuestradores, que conocían muy bien el terreno), pero una vez que el operativo finaliza y sus captores son apresados, la suben a un helicóptero, le quitan el vendaje de sus ojos y le dicen: «Somos el Ejército Nacional de Colombia. Estás en libertad».

Algo muy importante a resaltar de esta historia, y la razón por la que te la cuento, es que así como Íngrid no sabía dónde se encontraba y fue llevada cautiva, esa es la realidad de muchos a nivel espiritual: son llevados cautivos. Íngrid estuvo casi seis años en cautiverio, pero hay quienes llevan más tiempo bajo un cautiverio espiritual y mental debido a las vendas que envuelven su entendimiento. Muchos de nosotros estuvimos cautivos por años, ciegos a la realidad espiritual y presos de la oscuridad, pero al conocer la verdad del evangelio nuestros ojos fueron abiertos.

En Señor Jesucristo, al entrar en cierta ocasión en la sinagoga, recibió el rollo de los profetas y la ley, leyendo lo dicho por el profeta Isaías:

> El Espíritu del Señor está sobre mí, por cuanto me ha ungido para dar buenas nuevas a los pobres; me ha enviado a sanar a los quebrantados de corazón; a pregonar libertad a los cautivos; y *vista a los ciegos; a poner en libertad a los oprimidos.* (Lucas 4:18, énfasis añadido)

Quiero hacerte unas preguntas. ¿Qué vendas tienes en tu mente que no te permiten ver lo que Dios ha planeado para ti? ¿En qué montaña del olvido y la cautividad te encuentras? Te invito a que identifiques esa venda que ha sido puesta en tu mente y tu corazón.

Quizás en este momento te podría decir cualquier cosa para sonar elocuente, algo así como: «Necesitas quitarte la venda de la baja autoestima, o la venda de la negatividad, o la venda del pesimismo, o la venda de la tristeza», pero la verdad es que eso es solo retórica que suena bonito, pero que a la final no le pega al blanco.

Te lo explico de esta manera: todos nacemos con una naturaleza caída y una tendencia a permanecer lejos de Dios, y en esa naturaleza pecaminosa nuestros pensamientos están codificados sin tener a Dios en cuenta. En lo espiritual, hay una venda que enceguece nuestro entendimiento, por esto no podemos comprender las cosas de Dios. Como dijera el apóstol Pablo:

> Pero el hombre natural no percibe las cosas que son del Espíritu de Dios, porque para él son locura, y no las puede *entender*, porque se han de discernir espiritualmente (1 Corintios 2:14, énfasis añadido)

Pablo también señala:

> El dios de este mundo *cegó el entendimiento de los incrédulos* para que no les resplandezca la luz del evangelio de la gloria de Cristo, el cual es la imagen de Dios. (2 Corintios 4:4, énfasis añadido)

Conocer a Dios es el conocimiento más grande que una persona puede tener. En otras palabras, a menos que el evangelio de Cristo quite la venda de nuestros ojos, no podremos percibir ni entender las cosas de Dios, así que el enemigo estará feliz de saber que su venda funcionó. A lo que quiero llegar con esto es a que entiendas que la venda que muchos necesitan que les sea quitada es *la venda de la ignorancia*, y no me refiero a la ignorancia en lo que respecta a la economía o la cultura, sino a la ignorancia acerca de Cristo.

El término «ignorancia» es un insulto para muchos, pero déjame explicarte lo que realmente significa. La palabra ignorancia proviene del griego *agnoéo*, que significa «no conocer, desconocer e ignorar». En otras palabras, una persona ignorante a los ojos de Dios no es alguien bruto o tonto, como nosotros lo entendemos, sino alguien que no conoce, ignora, a quien algo no le ha sido revelado.

LA IGNORANCIA MÁS GRANDE PARA ALGUIEN ES SER IGNORANTE DE DIOS. CONOCER A DIOS ES EL CONOCIMIENTO MÁS GRANDE QUE UNA PERSONA PUEDE TENER.

Sin embargo, la ignorancia más grande para alguien es ser ignorante de Dios. Resulta hasta gracioso ver cómo muchos se quejan de que Dios los ignora, pero en realidad somos nosotros los que lo ignoramos al no querer buscar de Él para conocerlo. Conocer a Dios es el conocimiento más grande que una persona puede tener. Él dijo a través del profeta Jeremías:

> Si alguien ha de gloriarse, que se gloríe de conocerme y de comprender que yo soy el Señor. (Jeremías 9:24, NVI)

Es increíble comprobar cómo una vez que conocemos a Dios, todo se pone en su lugar. No necesitamos que nos quiten vendita por vendita (la de la baja autoestima, la de la negatividad, la del pesimismo...), porque cuando Dios se nos revela a través de su Hijo Jesucristo, *toda* venda es quitada y podemos ver la realidad de todas las cosas. Punto.

Te animo a que nos quitemos la venda que nos tiene cautivos y rehenes.

TIRO AL BLANCO

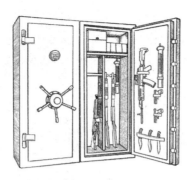

Vamos al armario

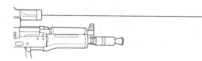

El *laser point*

El *laser point* (o puntero láser, en español) es un accesorio para las armas generalmente anclado al visor, el cual determina mediante una luz infrarroja de largo alcance el punto específico al que el soldado tiene que disparar, garantizando la precisión y el acierto en el disparo. En nuestro caso, ese infrarrojo es el *enfoque* y la *determinación*.

DE NADA SIRVE ESTAR ENFOCADO EN ESTA VIDA Y DESENFOCADO EN LA ETERNIDAD.

El *enfoque* resulta clave para acertar en el blanco. Ahora bien, primero lo primero: cuando hablamos de enfoque, antes que en cualquier otra cosa debemos centrarnos en lo espiritual, porque de nada sirve estar enfocado en esta vida y desenfocado en la eternidad. Sin una ubicación espiritual correcta de las cosas, todo se irá abajo.

LA FE NO SOLO CONQUISTA, TAMBIÉN SE SACRIFICA.

El autor de la carta a los Hebreos, inspirado por el Espíritu Santo, nos dice:

> *Esto lo hacemos al fijar la mirada en Jesús, el campeón que inicia y perfecciona nuestra fe.* (Hebreos 12:2a, NTV)

Para entender este texto necesitamos tener en cuenta el contexto. Desde el capítulo 11, el autor nos viene hablando de lo que es la fe y lo que logra, mencionando también a quienes por esa fe lograron cosas impresionantes y a otros que, por la misma fe, sufrieron y padecieron de una manera cruel. Es preciso saber que la fe no es solo para lograr algo, sino igualmente para dejar y soltar; no es solo para conquistar sueños aquí en la tierra, sino también para abandonarlos; no es solo para derribar murallas y tapar la boca de leones, sino además para poner la vida frente al filo de una espada. La fe no solo conquista, también se sacrifica.

Así que, después de darnos un cuadro tan precioso y al mismo tiempo un panorama tan real acerca de la fe en el capítulo 11, Pablo nos dice en el capítulo 12 que ahora somos nosotros los que debemos correr está carrera de la fe fijando la mirada en Jesús, a quien describe como campeón según la Nueva Traducción Viviente.

NUESTRA META MÁS GRANDE NO ES UNA MEDALLA O UN SUEÑO A CONQUISTAR; NUESTRA META ES CRISTO.

Este concepto no resulta descabellado porque el autor está ilustrando una carrera de fe; en otras palabras, una carrera que Cristo ya ganó. En el griego original, la palabra que se usa en ese versículo es *arjegós*, que significa «gobernante conductor». La versión Reina Valera la traduce como «el autor», es decir, describe a Cristo como el príncipe, el que tiene la autoridad, el dirigente de nuestra fe, dándole no solo el calificativo de campeón, sino que le añade mucho más, pues un campeón es el que corre y gana, pero no tiene acceso como gobernador. Sin embargo, el que gobierna es el *dueño* de la carrera. Y lo más impresionante es que Cristo, siendo el dueño de la carrera, la corrió Él mismo, demostrándonos su amor y poder para que sigamos sus pisadas.

Otro aspecto fascinante en este texto es que Jesús no solo es el autor, príncipe y campeón de nuestra fe, sino que es también quien la *completa*. La palabra griega usada aquí es *teleiotés*, que tiene la misma raíz de la expresión que Jesús gritó en la cruz y significa «consumador, el que finaliza a la perfección». Jesús en la cruz exclamó: «Consumado es, hecho está, está terminado. Tengo la autoridad, inicié y terminé». Por esta razón, podemos concluir que este versículo nos dice: «Fijen su mirada en el que comenzó y completó, en el campeón, en el príncipe y gobernante que tiene la autoridad». Por eso, aunque sea loable, nuestra meta más grande no es una medalla o un sueño a conquistar; nuestra meta es Cristo.

Cuando nuestro enfoque principal no es algo, sino Alguien, de ahí se desprende todo lo demás. Es decir, hablar de enfoque no se refiere a saber hacia dónde vamos, sino a tener claro que nuestra meta es Jesús y su propósito en nuestras vidas. Pablo lo describió de esta manera:

> Yo mismo no pretendo haberlo ya alcanzado; pero una cosa hago: olvidando lo que queda atrás y extendiéndome a lo que está delante, prosigo a la meta, al premio del supremo llamamiento de Dios en Cristo Jesús. (Filipenses 3:13-14)

¿Qué es lo que estaba delante de Pablo? Cristo y su llamamiento. Tener enfoque es poner toda nuestra atención donde debe estar. Imagínate a un soldado que está a punto de cumplir la misión más importante de su vida, con la mirada fija en el objetivo, sin parpadear; solo tiene un disparo y debe ser preciso. Esa es la misma actitud que debemos tener cada día de nuestras vidas: mirar a Cristo sin parpadear, sin apartar la mirada de Él. Hay muchos que ponen su enfoque en ellos mismos, solo ven sus grandes logros y éxitos, o sus problemas internos, presentes o pasados, nada más. Sin embargo, ambas cosas van a la misma caneca: tanto el que se halaga como el que se flagela a sí mismo están equivocados.

Hay un detalle interesante en este versículo, y es que Pablo primero dice que hace solo *una* cosa, pero después menciona *dos*. No obstante, si lo analizamos bien, esas dos acciones están conectadas. Olvidar lo que está atrás me lleva automáticamente a poner la mirada en lo que está delante, mientras que seguir mirando lo que está atrás no me permitirá continuar hacia la meta; es decir, cuando no olvido, me detengo y cuando olvido, avanzo.

LA DETERMINACIÓN ES UN MÚSCULO QUE SE FORJA EN MEDIO DE NUESTRAS BATALLAS.

De aquí se desprende otra arma, una que no podemos comprar ni conseguir en una tienda, una que se forja dentro de nosotros mismos. Como recordarás, te conté que la segunda razón por la cual mi tiempo fugaz como «vaquero» o «pistolero» terminó en el anonimato y el desprestigio fue que mis manos no podían sostener el arma, mucho menos cuando disparaba, pues no estaban entrenadas para ello. Pues bien, esta otra arma está asociada a nuestras propias manos, entrenadas y fortalecidas, que sostienen el equipo de ataque. Se trata de la *determinación*. La determinación es un músculo que se forja en medio de nuestras batallas.

Hablando de nuestro campeón, Jesucristo, el autor de Hebreos continúa diciendo en el mismo versículo:

> Debido al gozo que le esperaba, Jesús soportó la cruz, sin importarle la vergüenza que esta representaba. Ahora está sentado en el lugar de honor, junto al trono de Dios (Hebreos 12:2b, NTV)

Nuestro campeón usó estas dos armas: el *enfoque* («debido al gozo que le esperaba») y la *determinación* («soportó la cruz»). El enfoque en la meta siempre nos dará fuerzas para sostener las armas y mantenernos en la batalla que estamos enfrentando.

Hoy oro para que a través de este libro tu enfoque se aclare, tus vendas sean quitadas, la visión espiritual de lo que estás viviendo sea nítida y, sobre todo, Cristo te sea revelado como el campeón que está delante de ti.

Gafas de visión nocturna

La película *Zero Dark Thirty* (o *La noche más oscura*, en español) trata del operativo militar que en el año 2011 terminó con la muerte de Osama Bin Laden. En dicho operativo, tras la orden del presidente Barack Obama, un grupo élite de veinticuatro soldados *Navy SEALs* de las Fuerzas Armadas de los Estados Unidos partió en dos helicópteros *Black Hawk* hacia un lugar a unos noventa kilómetros de Afganistán hasta llegar al edificio donde se encontraba su objetivo. En solo cuarenta minutos, siendo la una de la mañana, ejecutaron su ataque y cumplieron su misión, cosa que habría sido imposible sin unas gafas de visión nocturna.

Aplicada al tema que estamos tratando, la visión nocturna se refiere a la visión espiritual. Así que nuestras gafas de visión nocturna tienen un nombre: *discernimiento*. Piensa en esto: ¿en cuántos «operativos» hemos fallado y cuánto tiempo hemos perdido sencillamente por no llevar nuestras «gafas de visión nocturna»?

La palabra griega para «discernimiento» es *diákrisis*, que significa «separar completamente, distinguir y dar una justa opinión». El discernimiento es esa habilidad dada por el Espíritu Santo que nos ayuda a ver lo que otros no ven; son esos lentes nocturnos que nos ayudan a distinguir lo que es de Dios, lo que es de nosotros y lo que es de Satanás. El autor de Hebreos señala lo siguiente:

> El alimento sólido es para los adultos, los cuales por la práctica tienen los sentidos ejercitados para discernir el bien y el mal. (Hebreos 5:14, NBLA)

Basándonos en esto podemos concluir que el discernimiento no solo es un don, sino una habilidad espiritual que se adquiere a través de la madurez y el ejercitar las disciplinas espirituales.

Imagina la experiencia y la habilidad tan impresionante que poseía ese grupo de soldados de élite. Pues así mismo sucede con nosotros en la carrera de nuestra fe y el desarrollo de nuestra madurez espiritual, convirtiéndonos en personas con discernimiento especial no solo por medio de las experiencias, sino también a través de nuestra habilidad para comprender las Escrituras.

Te animo a que analices cómo están tus gafas de visión nocturna.

Vamos a la trinchera

Recuerda que la trinchera es el lugar seguro donde tú, junto con tu grupo de soldados (que deben ser de tu mismo sexo), comparten las experiencias aprendidas en el campo de batalla y realizan las tareas antes de pasar al siguiente campo. No obstante, si te encuentras solo en la trinchera, no hay ningún problema, ya que estás con el Espíritu Santo.

Aquí está la guía de trinchera de este campo de batalla.

Sentémonos en la fogata

> Comparte qué fue lo que más te sacudió el corazón en este capítulo.

> Comparte con honestidad si has estado en el campo de guerra viviendo sin enfoque y por qué.

> Menciona las armas dadas en este capítulo y cómo está tu nivel de uso de esas armas.

> Pregúntales a los miembros de tu trinchera cómo pueden crecer más en lo que respecta a enfocarse en Cristo.

Importante: ¡No pases al siguiente campo de batalla antes de pasar por la trinchera! ¡Nos vemos allí!

CAPÍTULO CUATRO

MINAS
QUIEBRACORAZONES

Algunos se preguntan si soy italiano por mi apellido, y aunque este sí está relacionado con ese idioma (la palabra *scarpeta* en italiano significa «limpiar la salsa que queda de la pasta en el plato con el pan y llevarlo a la boca», y la palabra *scarpa* significa «zapato»), la verdad es que yo de italiano no tengo ni la suela del zapato. La historia de mi apellido con matices italianos es bastante distinta, y a pesar de que me expongo a las burlas por contarla, lo voy a hacer.

Mi tatarabuelo vivía en el campo, en los páramos de Cundinamarca, uno de los departamentos de Colombia. Allí no había escuelas ni entidades gubernamentales, y las personas solían llamarse por apodos. Él solía vestirse con muchas ruanas o ponchos para cubrirse del frío, amarrándoselos luego a la cintura con una cabuya o cuerda como cinturón. Cuentan que parecía un fólder donde se guardan los documentos (que en Colombia llamamos carpeta) y que por eso le decían «el señor carpeta». La cuestión es que cuando llegó el representante del gobierno para censar a los habitantes de ese páramo, le preguntaron a «don carpeta» su nombre y él respondió: «Carpeta, pero póngale una S y así quedamos Scarpeta».

Me preguntarás: «¿Pero qué tiene que ver todo esto con las minas? Pues casi nada, pero es una parte del trasfondo familiar que me permite seguir dando esta explicación.

Al tener ascendencia de campesinos, mi bisabuelo y mi abuelo poseían terrenos de siembra de papa en el campo, los cuales solíamos ir a visitar. Obviamente, en el campo hay muchas vacas, y fue allí donde mis pies conocieron los «recuerdos» que ellas dejan en el campo. No sé si a ti te ha pasado lo que a mí me sucedió muchas veces: sin darme cuenta, metí el pie (o como se dice por ahí, «metí la pata») en el estiércol de las vacas. Esta es una experiencia única y nada agradable, estando ahí en medio del campo, sin baños cerca ni elementos para limpiarte más que el mismo prado, con el olor en el zapato que no te podías quitar por el frío y el terreno usualmente mojado, aguantando hasta llegar a un lugar donde poder hacerlo. Y eso sin hablar de la burla de los que te acompañan. En fin, como dije, una experiencia desagradable... pero nada comparable con pisar una mina real.

Colombia ha estado por más de cuarenta años en guerra interna con los grupos armados. Una de las armas más usadas en nuestro país han sido las minas antipersona, o como se les llama comúnmente «minas quiebrapatas», que son explosivos ocultos bajo tierra.

Las minas antipersona usualmente se emplean para colapsar los servicios médicos enemigos, degradar la moral de las tropas contrarias, dañar vehículos no blindados y, sobre todo, herir gravemente o mutilar sin matar, causando el mayor daño posible, ya que un muerto no causa tantos problemas como un herido. Así, sus efectos más comunes son amputaciones, mutilaciones, quemaduras, y lesiones musculares y en los órganos internos.

Aplicando esto a nuestra vida espiritual y emocional, muchos de nosotros hemos sido mutilados sentimental o emocionalmente, nos han partido el alma o hemos vivido experiencias tan duras y vergonzosas que quiebran nuestro corazón, y aunque no morimos por la explosión, estamos librando batallas o lidiando con las consecuencias que resultaron de esa «mina» que explotó. Y lo más complicado es que al estar heridos y no poder sanar por completo, nos convertimos en una carga para los que se encuentran a nuestro alrededor.

Hay una mina muy contundente, la cual usualmente es efectiva, parte el corazón y sabe hacer mucho daño: es la *ofensa*. La palabra «ofensa» proviene del griego *paráptoma*, que significa «poner un pie en falso» (así como cuando «metí la pata» en los campos de mi abuelo). Al mismo tiempo, hay otra palabra similar de raíz griega, *skandalon*, cuyo significado es «trampa». Por lo tanto, podemos definir entonces que la ofensa, según la Palabra de Dios, es una trampa que nos hace poner el pie en falso y caer.

Jesús dijo que los tropiezos serían inevitables (Lucas 17:1), y esto es algo que quiero recordarte: todos hemos sido ofendidos y lo seguiremos siendo. Por esa razón tenemos que tener, por un lado, cuidado de cómo caminamos, y por el otro lado, un corazón que esté protegido al haberse ejercitado en el perdón y aprendido a perdonar.

Hay un personaje en la Biblia que nos puede enseñar acerca de esta mina de la ofensa, ya que fue herido fuertemente por alguien de su plena confianza. Este es Filemón.

Filemón era un discípulo del apóstol Pablo que vivía en la ciudad de Colosas y en cuya casa se reunía una iglesia. Era un hombre entregado a la obra de Dios y junto a su esposa Apia y su hijo Arquipo servían al Señor. El nombre Filemón significa «amistoso o el que ama», lo que nos deja ver el tipo de persona que era. Puedo imaginarlo recibiendo a todo el que entraba a su casa con amor, pues era alguien que le brindaba amor a todo el mundo.

En esta historia que se encuentra en las Escrituras hay tres protagonistas: (1) Filemón, el que fue mutilado o dañado; (2) Onésimo, el que puso la mina quiebracorazones; y (3) Pablo, el soldado que restaura. Todo empieza con Onésimo, un hombre que trabajó para Filemón como esclavo y siervo. El esclavo le roba a su amo y huye hacia Roma, y allí termina conociendo a Pablo, convirtiéndose a Jesús y naciendo de nuevo. Pablo empieza a ser su mentor espiritual y a formarlo como su hijo en la fe, amándolo sinceramente. Onésimo, huyendo de su problema, se encontró con Jesucristo y se convirtió sinceramente.

Dentro de este proceso, Pablo y Onésimo tienen una conversación acerca de la cuenta pendiente que Onésimo tiene con su antiguo amo, Filemón. Imaginemos esa conversación:

—Pablo, te quiero mencionar algo que tal vez tú ya sabes: yo le robé a Filemón cuando fui su esclavo y huyendo de él llegué aquí.

—Mi querido Onésimo, la razón por la cual llegaste aquí no fue para quedarte conmigo, sino para regresar con quien fuera tu amo. Hijo, es tiempo de regresar, de restituir el daño que causaste. Parte de este proceso de llegar a la fe consiste en cerrar ciclos de deshonra que hemos cometido en el pasado, recuerda que Dios nos perdona, pero las consecuencias de nuestros actos son nuestra responsabilidad, sabiendo que si Cristo vive en nosotros, Él nos dará la gracia con esas personas y usará a otros como puentes de reconciliación.

—Pero Pablo, no sé si Filemón me reciba de vuelta, porque el error que cometí fue gravísimo y merezco la prisión. Si él no me perdona, iré a la cárcel. Me cuesta, pero estoy dispuesto.

—Tú no regresarás, yo te enviaré de vuelta, Onésimo. Seré tu intercesor y rogaré por ti.

Es entonces cuando Pablo le escribe esta carta a Filemón, diciéndole:

> Pablo, prisionero de Jesucristo, y el hermano Timoteo, al amado Filemón, colaborador nuestro, y a la amada hermana Apia, y a Arquipo nuestro compañero de milicia, y a la iglesia que está en tu casa: Gracia y paz a vosotros, de Dios nuestro Padre y del Señor Jesucristo.
>
> Doy gracias a mi Dios, haciendo siempre memoria de ti en mis oraciones, porque oigo del amor y de la fe que tienes hacia el Señor Jesús, y para con todos los santos; para que la participación de tu fe sea eficaz en el conocimiento de todo el bien que está en vosotros por Cristo Jesús. Pues tenemos gran gozo y consolación en tu amor, porque por ti, oh hermano, han sido confortados los corazones de los santos. (Filemón 1:1-7)

Pablo empieza a preparar el corazón de Filemón porque está a punto de pedirle algo muy difícil, por eso, antes de hacerlo, resalta sus virtudes, no como manipulación, sino más bien recordándole que él es un hombre lleno de amor que ha consolado a muchas personas. Esto me lleva a entender que las ofensas forman parte del proceso de nuestro crecimiento.

Todos queremos tener un buen corazón, pero no hay manera de conseguirlo si ese corazón no ha pasado por el campo de las minas quiebracorazones. Es ahí donde se hace más fuerte, y sobre todo donde experimenta la prueba para parecerse más al corazón de

Dios. Es precisamente eso lo que Pablo le hace ver a Filemón. Veamos lo que le escribe más adelante:

LAS OFENSAS FORMAN PARTE DEL PROCESO DE NUESTRO CRECIMIENTO.

Pido a Dios que *pongas en práctica* la generosidad que proviene de tu fe a medida que comprendes y vives todo lo bueno que tenemos en Cristo. (Filemón 1:6, NTV, énfasis añadido)

¡Qué tremendo lo que Pablo le dice! «Es hora de poner las cosas en práctica». Recordemos que Filemón era un hombre con un corazón increíblemente noble, pero aun los más nobles necesitan seguir perdonando, mucho más a aquellos que son difíciles de carácter.

Todos nosotros en algún momento tendremos que poner en práctica los «amenes» que hemos dicho, la palabra que hemos aprendido, las declaraciones firmes y vehementes que hemos expresado. ¿Y cómo las ponemos en práctica? Nada más y nada menos que perdonando al que puso esa mina en nuestro camino. Recuerda que todos hemos sido ofendidos, somos ofendidos y seremos ofendidos, siempre habrá minas quiebracorazones en nuestra batalla de la fe.

Hubo una persona que le hizo una pregunta muy interesante a Jesús acerca de la ofensa, y fue Pedro:

MINAS QUIEBRACORAZONES

Entonces Pedro se acercó a Jesús y le preguntó:
—Señor, si un miembro de la iglesia me hace algo malo, ¿cuántas veces debo perdonarlo? ¿Sólo siete veces?

Jesús le contestó:

—No basta con perdonar al hermano sólo siete veces. Hay que perdonarlo una y otra vez; es decir, siempre. (Mateo 18:21-22, TLA)

Me imagino a Pedro sosteniendo una libreta con los nombres de aquellos que lo ofendieron y preguntando: «Señor, ¿cuántas veces tendré que perdonar al que me ofende? Es decir, ¿después de cuántas veces ya no tengo que perdonar? Porque, Señor, yo tengo mi límite. Solo necesito tener la legalidad y el derecho a no seguir perdonando para que no me hagan más daño».

De cierta manera puedo entender a Pedro, porque es normal instalar mecanismos de defensa ante las minas quiebracorazones, ese enemigo vestido de ofensa que viene a hacer tanto daño. Sin embargo, quiero que pienses en esto: *muchas veces nos ofenden porque dimos lugar a esa ofensa.* En otras palabras, alguien nos ofende como forma de venganza o retaliación y con una mala conducta por algo que nosotros iniciamos. Por ejemplo, es posible que nosotros hayamos sido los que comenzamos el chisme, o hablamos mal, o esparcimos la difamación, o no pagamos la deuda, o quedamos mal, o no cumplimos nuestra palabra. A veces nos quejamos de la actitud de otros que vienen con ira hacia nosotros, pero no entendemos que en ocasiones somos nosotros mismos los que provocamos y damos pie a que eso suceda.

Ahora bien, hay minas quiebracorazones que no provocamos ni merecíamos. No hicimos nada para que eso sucediera, simplemente estábamos caminando por la vida y... ¡boom!... pisamos una mina que explotó. Es ahí cuando tendemos a endurecer el corazón y decir: «No más, no perdono más». Y entonces nos convertimos en personas con un corazón de hierro para que nadie más nos ofenda, trayendo a nuestra vida desconfianza, temor, odio, resentimiento y apatía con los que nos rodean.

NINGUNO DE NOSOTROS QUIERE LÍMITES EN LA BENDICIÓN, PERO SÍ LE PONEMOS LÍMITES AL PERDÓN.

En ambos casos la clave está en la respuesta de Jesús a Pedro: «Siempre vas a tener que perdonar, porque serás ofendido muchas veces». Podemos ver esta respuesta de dos maneras: (1) «Pedro, lo siento, siempre estarás siendo llevado por los dolores de la vida y por la tortura del maltrato de otros hacia ti», o (2) «Pedro, es mejor que perfecciones el perdón en ti, así las ofensas que puedan venir en cualquier momento no te destruirán. No pongas un límite en el perdón». Ninguno de nosotros quiere límites en la bendición, pero sí le ponemos límites al perdón.

Quiero aclarar que cuando hablo de límites en el perdón no me refiero a poner un alto en las relaciones dañinas, sino que me refiero a restringirles el perdón a otros poniendo condiciones. Quiero motivarte a que consideres el perdón desde otra perspectiva: perdonar te hace más como Cristo, porque Él nos perdonó y se entregó por nosotros hasta la muerte, aun siendo nosotros los que le dimos la espalda.

Filemón experimentó esta verdad con la ofensa de Onésimo y tuvo que poner en práctica lo que había aprendido. Esto me hace reflexionar en algo: ¿cuántas veces le hemos pedido al Señor que nos dé un corazón perdonador y Él permite las ofensas para que esa oración sea una realidad?

Ya hemos visto el arma que el enemigo usa para mutilar el corazón, ahora te invito a que me acompañes al armario para encontrar el arma defensiva.

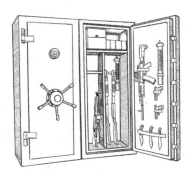

VAMOS AL ARMARIO

El dron antiminas

La noche del 24 febrero de 2022, cuando Rusia empezó la invasión a Ucrania, Igor Klymenko, un joven ucraniano de diecisiete años, estaba terminando su último año de secundaria en Kiev, donde vivía junto a su familia. La zona en la que estaban cada vez se ponía más peligrosa, por lo que huyó a las afueras para refugiarse en un sótano junto a otras ocho personas.

Durante el encierro, el adolescente completó sus estudios a distancia, mientras perfeccionaba algo en lo que venía trabajando desde hacía ocho años: su *Quadcopter Mines Detector*, un dron detector de minas que transmite una señal al operador con la ubicación casi exacta de minas antipersona y antivehículos. *Clinton Global Initiative*, la fundación del expresidente estadunidense Bill Clinton, premió a Klymenko con cien mil dólares por el aporte positivo del estudiante a la sociedad.

NOSOTROS NO SOLO DEBEMOS PONER NUESTRA MIRADA EN LAS COSAS DE ARRIBA, SINO TAMBIÉN VER LAS COSAS DESDE ARRIBA, COMO DIOS LAS VE.

«Resultaba aterrador escuchar los aviones y las explosiones, pero sabía que la educación era la clave para marcar la diferencia», contó el joven desde Edmonton, Canadá, donde está estudiando Matemáticas e Informática en la Universidad de Alberta, una de las cinco más prestigiosas del país. «Quiero aplicar lo que aprendo para desarrollar mi dron y resolver el problema mundial de las minas terrestres».[1]

Hay un detalle curioso que resaltar en cuanto a esto: el dron antiminas no es una herramienta terrestre, sino que opera desde el aire. Estableciendo una analogía con el ámbito espiritual, tal cosa me lleva a pensar que nuestro llamado no es a medir las crisis u ofensas como la gente que no tiene esperanza, sino a hacerlo como hijos de Dios que tenemos una perspectiva espiritual de las cosas. Una persona espiritual y madura tiene una perspectiva muy diferente a alguien que vive guiado por su carne o sus emociones. Nosotros no solo debemos poner nuestra mirada en las cosas de arriba, sino también ver las cosas desde arriba, como Dios las ve.

¿Qué debo hacer cuando me encuentro con una mina en mi camino? ¿Qué hago cuando soy ofendido? Hay dos cosas que resulta importante mencionar:

> Primero, debemos aprender a manejar las ofensas. Debes recordar que el hecho de que te ofendan no quiere decir que tienes que estar ofendido. ¿Cuántas ofensas, malas palabras, malas actitudes y malos comentarios recibimos de las personas? Creo que muchos, pero eso no significa que tales actitudes nos tienen que hacer daño. Es como si te ofrecieran una comida envenenada y te la pusieran en la mesa, pero eres *tú* quien decides si comerla o no. Así mismo, la ofensa es un plato lleno de veneno que te ponen delante, es una trampa que se presenta en el camino, esperando por ti en el hoyo y el vacío. Se trata de una mina que te quiere mutilar, pero tú eliges no comer ese plato, no caer en esa trampa, no pisar ese artefacto explosivo.

> Segundo, debemos tener una perspectiva aérea. Cuando tenemos «visión de dron», obtenemos una visión espiritual de las cosas. Así como el dron está codificado para detectar sus objetivos, con la visión espiritual nuestra mente permanece elevada y codificada con los estándares y principios de las Escrituras que han operado en nuestra vida. Entonces, al recibir una ofensa, esa mina, esa trampa, se va a encontrar con un sistema espiritual afirmado en nuestra mente, nuestro espíritu y nuestras emociones. Eso no quiere decir que no duela o no nos afecte, pero una cosa es sentirse dolido y otra es estar amargado.

87

Al tener una relación diaria con las Escrituras, conociendo más a Dios, hablando con Él y siendo transformados por su presencia, nuestra visión espiritual de las cosas cambiará y podremos discernir e identificar esas minas, protegiendo así nuestro corazón de la trampa llamada ofensa.

LA OFENSA ES UN PLATO LLENO DE VENENO QUE TE PONEN DELANTE. SE TRATA DE UNA MINA QUE TE QUIERE MUTILAR, PERO TÚ ELIGES NO COMER ESE PLATO, NO CAER EN ESA TRAMPA, NO PISAR ESE ARTEFACTO EXPLOSIVO.

Si estás viviendo un momento de ofensa y dolor, pídele a Dios: «Padre, muéstrame qué me quieres enseñar al atravesar por este momento», y entonces activa el dron de la cosmovisión. Y si me preguntas: «David, ¿cómo activo ese dron?», te diré que lo primero que debes hacer es entender que el dron está dentro de ti, solo que tienes que encenderlo y actualizarlo con la codificación de las Escrituras.

Cuando la Palabra está presente en tu mente, tus pensamientos están codificados no con lo que tú crees, lo que el mundo habla, lo que las personas publican en las redes, lo que tus amigos que no conocen a Dios te aconsejan o lo que ves por ahí, sino con lo que Dios dice y piensa acerca del asunto.

El profeta Isaías lo expresó de esta manera:

> Porque mis pensamientos no son vuestros pensamientos, ni vuestros caminos, mis caminos, dijo Jehová, como son más altos los cielos que la tierra, así son mis caminos más altos que vuestros caminos y mis pensamientos más altos que vuestros pensamientos. (Isaías 55:8-9)

Usando nuestro lenguaje, sería como decir algo así: «Porque mi dron está tan arriba y el tuyo tan abajo que no podrás tener mi visión». Si leemos hasta ahí, no tendríamos ninguna esperanza, pero como nuestro Dios es tan hermoso, en los siguientes versículos nos da la clave:

> Porque como desciende de los cielos la lluvia y la nieve, y no vuelve allá, sino que riega la tierra, y la hace germinar y producir, y da semilla al que siembra, y pan al que come, así será mi palabra que sale de mi boca; no volverá a mí vacía, sino que hará lo que yo quiero, y será prosperada en aquello para que la envié. (Isaías 55:10-11)

Resulta impresionante saber que, aunque es una realidad que nuestros pensamientos no son los de Dios, cuando viene la palabra como lluvia a nuestra vida, nos eleva, nos revela e implanta los pensamientos de Dios en nuestra mente y corazón para que podamos tener la mente de Cristo. En otras palabras, el dron espiritual divino es implantado en nosotros para ver, percibir, pensar, decidir y actuar a la manera de Dios.

Si las minas quiebracorazones explotan y no tenemos el dron divino codificado en nuestra mente, con seguridad nuestras decisiones se verán afectadas de forma negativa, pero si lo activamos y elevamos nuestros pensamientos de lo humano y carnal a lo espiritual y divino, no seremos dañados. Lo increíble del poder de la Palabra de Dios es que no solo alinea nuestra mente, sino que sana nuestro corazón y lo hace germinar. Entonces ya no seremos un terreno lleno de minas, sino un terreno sano y protegido.

Un soldado a mi lado

Cuando alguien ha sido herido o mutilado por la ofensa, no tiene más opción que ser cargado y llevado por otros soldados que caminan a su lado.

Vivimos en una sociedad donde las personas muestran perfección, pero están mutiladas. Especialmente dentro de las iglesias, preferimos ocultar una herida antes que ser cargados por alguien. Nos hemos acostumbrado a mostrar una vida perfecta sin errores, escondiendo las partes mutiladas de nuestra alma. Sin embargo, he aprendido a conocer el valor de la vulnerabilidad en mi vida.

Cuando enfrentamos la pandemia en el año 2020, tuve una experiencia en mi vida que nunca pensé que viviría. Atravesé por una etapa de mucha ansiedad y depresión, noches sin dormir, días sin comer. Oraba y leía la Palabra, pero a medida que lo hacía sentía la voz de Dios diciéndome: «Necesitas hablar con alguien». Yo estaba acostumbrado a librar mis batallas solo, pensando que no necesitaba de nadie, pero fue en esa etapa de mi vida cuando me di cuenta de que debía afirmar el valor de la rendición de cuentas. Gracias a Dios, el Señor puso soldados a mi lado que me ayudaron en ese proceso difícil, aunque para ello tuve que quitarme el uniforme de militar y mostrarme vulnerable.

MINAS QUIEBRACORAZONES

Necesitamos personas que nos levanten y nos ayuden a superar las ofensas. Es por eso que te animo a realizar la lectura de este libro con uno o dos amigos de fe para que juntos puedan alcanzar la victoria en esas batallas internas que están librando.

En el caso de Filemón y Onésimo, ellos tuvieron la bendición de tener al apóstol Pablo como mediador. Pablo actuó como intercesor ante Filemón, que era el ofendido, y como protector de Onésimo, que era el ofensor.

A lo largo de nuestra vida muchas veces seremos como Filemón, otras veces como Onésimo y en otras ocasiones como Pablo, pero en todas ellas hay que perfeccionarse en el perdón. «Pero, David, ¿cómo me perfecciono en el perdón?». Pues perdonando y más que eso, porque no se trata solo perdonar, sino de tener un corazón perdonador.

En la historia que hemos venido considerando, Filemón se perfeccionó perdonando y recibiendo a Onésimo de vuelta.

> Hermano, *tu amor* me ha alegrado y animado mucho porque has *reconfortado el corazón* de los santos. (Filemón 1:7, NVI, énfasis añadido)

La palabra *reconfortar* significa «hacer descansar». Me imagino a Filemón siendo ese hombre que consolaba a otros, y que ahora, al haber perdonado a Onésimo, podía ministrar y bendecir a la gente todavía más. Puedo imaginar que cuando alguien llegaba diciéndole: «Filemón, mira lo que me hizo esta persona», él podía responderle: «¿Recuerdas lo que me hizo Onésimo y cómo yo lo perdoné?».

Ahora quiero que respondas esta pregunta: ¿eres alguien que pone minas quiebracorazones para lastimar a los demás, o alguien que les ofrece descanso a otros? En este mundo hay muchas

91

personas con bolsas llenas de minas repartiendo y mutilando a muchos, así que cuidémonos de no ser uno de ellos. Filemón tenía su bolsa llena, pero no de minas, sino de un aceite que sanaba y producía paz en otros, porque el perdón verdadero incluye la restitución.

> Por amor, prefiero simplemente pedirte el favor. Toma esto como una petición mía, de Pablo, un hombre viejo y ahora también preso por la causa de Cristo Jesús.
>
> Te suplico que le muestres bondad a mi hijo Onésimo. Me convertí en su padre en la fe mientras yo estaba aquí, en la cárcel. Onésimo no fue de mucha ayuda para ti en el pasado, pero ahora nos es muy útil a los dos. Te lo envío de vuelta, y con él va mi propio corazón. (Filemón 1:9-12, NTV)

El castigo que Onésimo merecía era la prisión o la muerte; sin embargo, la dádiva de Filemón fue la restitución.

¿Qué es la restitución? Devolver lo que la persona ha perdido. Esto se aplica de dos maneras: Dios nos restituye cuando nos acercamos a Él, pero al mismo tiempo nos llama a restituir a otros. Con esto no me refiero a dinero, sino a dignidad, valor, honra. Es decir, cuando perdonamos a otros de corazón y los bendecimos, estaremos restituyendo.

Recuerda, todos hemos recibido de su gracia, por tanto, todos podemos perdonar.

> Yo, Pablo, escribo esto con mi propia mano: «Yo te lo pagaré». ¡Y no mencionaré que tú me debes tu propia alma! (Filemón 1:19, NTV)

VAMOS A LA TRINCHERA

Recuerda que la trinchera es el lugar seguro donde tú, junto con tu grupo de soldados (que deben ser de tu mismo sexo), comparten las experiencias aprendidas en el campo de batalla y realizan las tareas antes de pasar al siguiente campo. No obstante, si te encuentras solo en la trinchera, no hay ningún problema, el Espíritu Santo te acompaña siempre.

Aquí está la guía de trinchera de este campo de batalla.

Sentémonos en la fogata

> ¿Cómo estás afrontando las ofensas? ¿Ves las cosas con una visión superior como un dron, desde lo espiritual, o te estás dejando llevar por tu carne?

> ¿Te sientes ofendido? ¿Con quién y por qué? ¿En qué proceso de sanidad te encuentras y qué debes hacer?

> ¿Sabes que una persona cercana a ti está ofendida con alguien más? ¿Estás haciendo algo al respecto?

Importante: ¡No avances al siguiente campo de batalla antes de pasar por la trinchera! ¡Nos vemos allí!

CAPÍTULO CINCO

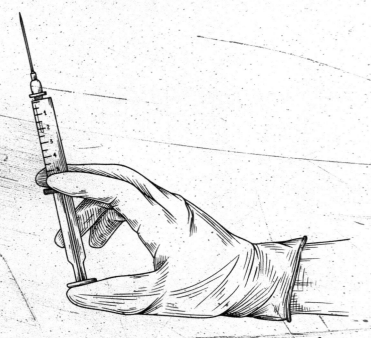

UNA INYECCIÓN LETAL

UNA INYECCIÓN LETAL

• Has visto el poder de una inyección? Algunas son muy eficaces para revitalizarnos si estamos bajos de defensas o fuerzas. En lo personal, cuando he estado viajando, he tenido que inyectarme vitaminas en varias ocasiones debido a la debilidad de mi cuerpo. Es asombrosa la manera en que me ayudan, tanto que incluso he optado por hacerlo como costumbre de forma preventiva.

También hay otro tipo de inyecciones que en vez de despertarte, te duermen, como por ejemplo la que suministran para la anestesia general. Esas tienen tanto poder que cuando te la ponen, ni te enteras. En mi caso, la última vez que recibí una fue debido a una cirugía de vesícula. Recuerdo que en aquel momento el anestesiólogo me comenzó a hablar sobre lo que pasaría mientras me ponía la inyección, pero luego de eso solo recuerdo que cerré mis ojos y quedé completamente inconsciente. No sentí nada hasta después, al tener que lidiar con el dolor de la recuperación cuando la anestesia ya no surtía efecto.

Ahora bien, en lo espiritual hay una inyección que es más poderosa que una anestesia o una sedación. Se trata de una inyección letal para callar nuestro grito de libertad, cuyo fin es que perdamos la pasión de vivir según el propósito de Dios para nosotros. Esta inyección letal se llama *desánimo extremo*.

Una persona desanimada es alguien sin aliento, sin vida, sin fuerzas. Y un soldado desalentado resulta un blanco fácil para el enemigo.

Es importante mencionar que nadie se salva del desánimo, pues todos lo hemos vivido o lo experimentaremos en algún momento.

Este gigante viene constantemente a atacar no solo nuestras almas, sino también el propósito que Dios tiene para nuestra vida, entrando a lo más profundo de nuestro ser con el objetivo de aniquilarnos, tal como lo haría una inyección letal. Sin embargo, ¿cómo podemos evitarlo? Veamos el ejemplo de Elías, un hombre con un respaldo sobrenatural de Dios, quien a mi parecer es uno de los personajes más valientes que encontramos en las Escrituras.

Elías decía constantemente una frase que sin duda alguna se convirtió en su verdad: «Vive Jehová, en cuya presencia estoy». ¡Vaya! Eso era algo poderoso, sobre todo porque con esa declaración evidenciaba que vivía en la presencia de Dios, lo escuchaba claramente y Dios lo escuchaba a él. Sin embargo, cuando este hombre se encontraba en la cumbre máxima de su carrera, tras derrotar a los profetas del dios Baal y hacer caer fuego del cielo, demostrándole a todo Israel que Jehová es el único Dios verdadero, cayó en el momento de mayor desánimo de toda su vida. Así lo describe la Escritura:

> Luego siguió solo todo el día hasta llegar al desierto. Se sentó bajo un solitario árbol de retama y pidió morirse: «Basta ya, Señor; quítame la vida, porque no soy mejor que mis antepasados que ya murieron» (1 Reyes 19:4, NTV)

Constantemente les escuchamos decir a las personas: «¿Pero qué le pasó a Fulano? ¡Si se veía tan fuerte y Dios lo usaba tanto! ¿Qué le ha sucedido?». Este fue el caso de Elías.

Elías estaba acostumbrado a ver la manifestación del poder y la gloria del Señor. Él era un hombre con una palabra fresca de Dios siempre, que vivía en su presencia y era usado para realizar prodigios y milagros, pero también era un hombre de carne y hueso. Y esa es una realidad que muchas veces negamos o se nos olvida:

UNA INYECCIÓN LETAL

¡somos de carne y hueso! Somos imperfectos, por más ungidos que seamos. Esa fue la realidad de Elías, quien en ese momento huía debido a las amenazas de muerte de Jezabel, la esposa del rey de Israel. El gran profeta, uno de los personajes más destacados de la Biblia, enfrentó una crisis, tal vez la más fuerte en su vida y ministerio.

Algo maravilloso que tiene la Biblia es que no oculta las debilidades y luchas que vivieron los hombres a los que Dios usó. ¿Te has puesto a pensar cómo sería si nuestros nombres e historias estuvieran plasmados en la Biblia sin tapujos? ¿Qué crees que diría acerca de ti? Si de los grandes hombres de Dios se habla con tanta transparencia, haciéndonos ver sus fallas y errores, ¿cuánto no hablaría acerca de nosotros? Seguramente muchas cosas y peores que aquellas sobre los héroes que encontramos en las Escrituras.

Aquí quiero detenerme y hacer un paréntesis para señalar que debemos ser cuidadosos y sensatos al referirnos a los hombres de Dios que se mencionan en las Escrituras. Muchos hablan ligeramente, e incluso predican, acerca de Pedro, David o Moisés (por mencionar algunos) como si ellos fueran lo peor y nosotros fuéramos perfectos. Sin embargo, la realidad es que tanto ellos como nosotros somos frágiles e imperfectos, pero fuertes en Dios, solo por gracia. Y aunque nuestros nombres no están en la Biblia específicamente, todas las historias de los grandes hombres y mujeres de Dios que sí aparecen en las Escrituras nos permiten identificarnos para que no nos olvidemos de que seguimos siendo de carne y hueso, así como lo fueron ellos.

Ahora, volviendo a la historia de Elías, vamos a darle un vistazo a la raíz de su desánimo y cómo esta *inyección letal* entró a su corazón.

En la vida de Elías hubo dos personas que representaron un problema para él: Acab, el malvado rey de Israel, y su esposa Jezabel, la reina más perversa que ha existido, cuyo nombre representa a un espíritu que se sigue moviendo hoy en día. Sin embargo, lo que Elías enfrentó fue una lucha espiritual, pues detrás de su vida y ministerio había una fuerza espiritual, así como la hay detrás de nosotros. Estamos enfrascados en una lucha constante, tal como lo describen las Escrituras:

> Porque no tenemos lucha contra sangre y carne, sino contra principados, contra potestades, contra los gobernadores de las tinieblas de este siglo, contra huestes espirituales de maldad en las regiones celestes. (Efesios 6:12)

Por lo tanto, puedo afirmar que la depresión no se te va a quitar con unas vacaciones a Cancún ni con un viaje a Disney World; al contrario, hasta es posible que te deprimas más al ver la tarjeta de crédito que tienes que pagar después del viaje. Tampoco te vas a curar solo con unas pastillas, pues esto tiene una raíz espiritual, emocional y mental.

¿Cómo llegó el desánimo a la vida de Elías y cómo llega a la nuestra?

 Después de una gran victoria

Elías acababa de tener una impresionante victoria frente a todo Israel. No había llovido durante tres años como consecuencia de su palabra, y entonces por su palabra los cielos se abrieron de nuevo. Además, delante de todo el pueblo, hizo caer fuego del cielo y degolló a ochocientos cincuenta brujos de Baal.

Cualquiera diría: «Este ya la hizo, esa es la cima a donde yo quisiera llegar». Es más, creo que si hoy en día alguien hiciera caer fuego del cielo, se volvería casi un dios, ¿y quién lo bajaría de ahí? El profeta de Dios estaba en su mejor momento, pero justo después llegó el desánimo.

MUCHAS VECES EL ENEMIGO APARECERÁ DESPUÉS DE TU VICTORIA MÁS PODEROSA PARA DESTRUIRTE.

Muchas veces el enemigo aparecerá después de tu victoria más poderosa para destruirte.

Hace un buen tiempo conversé con un ministro de alabanza que estaba teniendo problemas con la pornografía. Me contaba que los momentos en los que caía más fácilmente eran después de una gran jornada en la iglesia, donde Dios se manifestaba y lo usaba de manera poderosa. Me decía que llegaba a su casa con el pensamiento: «Me merezco un buen descanso», y era entonces cuando se le presentaba la tentación en bandeja de plata. Mientras lo escuchaba, podía oír la voz de Dios que me decía: «Al enemigo no le asusta cuánto Dios pueda usarte; él te va a esperar en tu soledad».

Aunque el caso de Elías no tenía que ver con un pecado oculto, sí estaba relacionado con un enemigo que lo esperaba detrás de bambalinas.

🛡️ A través de las palabras de invalidación o intimidación

Entonces Jezabel envió un mensajero a Elías para decirle: «¡Que los dioses me castiguen sin piedad si mañana a esta hora no te he quitado la vida como tú se la quitaste a ellos!». (1 Reyes 19:2, NVI)

Elías escuchó las palabras que le mandó a decir Jezabel y les dio forma en una visión. La Biblia lo describe de esta manera:

> *Viendo*, pues, el peligro, se levantó y se fue para salvar su vida. (1 Reyes 19.3, énfasis añadido)

Resulta interesante ver que los dioses que Elías derrotó en el monte Carmelo son los mismos con los que lo amenaza la bruja Jezabel. ¿Cuántas veces los gigantes que ya hemos vencido vuelven a amedrentarnos y nos permitimos caer en su trampa?

Es por eso que quiero hacer énfasis en la palabra «viendo», pues debemos tener cuidado con cómo visionamos lo que oímos. ¡Qué poderoso efecto causan las palabras! Elías en ese momento no vio a Jezabel, solo escuchó el mensaje que ella había enviado; sin embargo, al oír aquella amenaza, esas palaras generaron una *visión* en su mente, dando como resultado que se viera a sí mismo con un ministerio fracasado y terminando en la muerte.

Lo mismo pasa cuando escuchamos algún comentario o crítica acerca de nosotros y eso genera en nuestra mente una visión que se alimenta de un combustible llamado temor, produciendo un incendio a una escala más grande de lo que es la realidad.

Jesucristo nos dio una poderosa instrucción: «Mirad, pues, como oís» (Lucas 8:18). En otras palabras, presten atención a la manera en que escuchan. Este es un ejercicio que tenemos que aprender a desarrollar a diario en nuestras vidas, porque las palabras generan en nosotros pensamientos, esos pensamientos conectan ideas, esas ideas generan una conclusión, cuando llegamos a esa conclusión se genera una imagen, y esa imagen fija nos lleva a tomar decisiones muchas veces desatinadas y desorientadas.

En los inicios de mi servicio en el ministerio hubo varios líderes que me humillaron con sus palabras. Yo servía como un miembro más del ministerio de alabanza, pero tenía grandes sueños y anhelos de que Dios me usara. Recuerdo que en una ocasión la iglesia compró una batería nueva, y yo me acerqué a mi líder y le dije: «¡Vaya! ¡Qué batería tan bonita! ¿No te parece?». Su respuesta fue: «¿Y a usted qué le importa? ¡No sea sapo!». Para los que no lo saben, esa expresión en Colombia se usa para referirse a una persona que se mete en lo que no le importa, que no tiene derecho a estar ahí o simplemente es un chismoso. Así que, como te imaginarás, escuchar esas palabras, que no sé ni por qué vinieron, me hizo sentir muy pequeño e invalidado. Yo estaba recién llegado al ministerio y las estaba recibiendo de nada más y nada menos que de mi líder, una persona a quien le tenía muchísimo respeto y admiración. Aquel incidente no produjo rencor hacia esa persona, pero sí mucho desánimo.

¿Qué palabras de intimidación e invalidación han marcado tu vida negativamente? Expresiones como: «¿Para qué haces eso?», «No sirves», «Vas a fracasar», «Eso no vale la pena», entre muchas otras, son inyecciones letales para nuestro corazón.

 Cuando nos aislamos

Elías se asustó y huyó para ponerse a salvo. Cuando llegó a Berseba de Judá, dejó allí a su criado y caminó todo un día por el desierto. Llegó adonde había un arbusto de retama y se sentó a su sombra con ganas de morirse. «¡Estoy harto, SEÑOR! —protestó—. Quítame la vida, pues no soy mejor que mis antepasados». (1 Reyes 19:3-4, NVI)

Esto es muy importante: Elías se había acostumbrado a caminar solo. Recordemos que no fue hasta después de su crisis que Dios le ordenó buscar a Eliseo para que lo preparara como su sucesor.

Muchas personas piensan y enseñan que Dios desechó a Elías al decirle que fuera a ungir a Eliseo en su lugar (1 Reyes 19:16), pero no tenemos que olvidar que después de que Elías llamó a Eliseo (1 Reyes 19:19) los dos caminaron juntos de siete a diez años, y que seguramente en ese tiempo Elías aprendió a no estar tan solo.

Es evidente que Eliseo no se despegaba de su maestro, tanto que al final de la jornada de Elías aquí en la tierra, Eliseo le dice: «No te dejaré» (2 Reyes 2:2), aun cuando Elías le pedía que lo dejara solo. Elías, siendo un hombre poderoso en Dios, debería haber aprendido que caminar solo no es bueno, es más, uno de los argumentos que él tenía delante de Dios era que se había quedado solo.

—He sentido un vivo celo por el SEÑOR Dios de los Ejércitos, porque los hijos de Israel han abandonado tu pacto, han derribado tus altares y han matado a espada a tus profetas. Yo solo he quedado, y me buscan para quitarme la vida. (1 Reyes 19:10, RVA 2015)

La frase «solo he quedado» constituye la misma expresión de muchas personas que caen en el desánimo, y es exactamente allí donde el enemigo quiere que estemos, en esa zona de soledad dañina. En el caso de Elías, había siete mil hombres que no habían doblado sus rodillas ante Baal, es decir, Elías no era el único que quedaba, había un remanente de hombres fieles como él (1 Reyes

19:18). Por tanto, no se trataba de que Elías estuviera solo, sino de que él mismo se había aislado.

DEJEMOS DE MULTIPLICAR A LAS «JEZABELES» Y EMPECEMOS A VER Y VALORAR A LOS SOLDADOS QUE, COMO NOSOTROS, LUCHAN TAMBIÉN LA BUENA BATALLA DE LA FE.

En el movimiento llamado «Legendarios», que ha bendecido a muchos hombres en todo el mundo, dirigido por mi amigo Chepe Putzu, tienen una frase poderosa que dice: «Hombre solo, presa fácil». Esto tiene mucho sentido, pues cuando nos alejamos y nos aislamos, nos volvemos vulnerables.

Algo que he aprendido es que por cada «Jezabel» que nos amenaza hay muchos más hombres y mujeres que nos aman y se interesan sanamente por nosotros, así que dejemos de multiplicar a las «Jezabeles» y empecemos a ver y valorar a los soldados que, como nosotros, luchan también la buena batalla de la fe.

 Cuando nos sentimos decepcionados

—Me consume mi amor por ti, Señor Dios de los Ejércitos. Los israelitas han rechazado tu pacto, han derribado tus altares y a tus profetas los han matado a filo de espada. Yo soy el único que ha quedado con vida, ¡y ahora quieren matarme a mí también! (1 Reyes 19:10, NVI)

Elías estaba decepcionado con Israel. Después de estar tres años sin lluvia a causa del pecado y la desobediencia del pueblo, aun así no se volvieron a Dios (1 Reyes 17:1). Entonces el profeta convoca a todo el pueblo en el monte Carmelo, restaura el altar y los exhorta diciéndoles:

> «¿Hasta cuándo claudicaréis vosotros entre dos pensamientos? Si Jehová es Dios, seguidle; y si Baal, id en pos de él». Y el pueblo no respondió palabra. (1 Reyes 18:21)

Elías se sentía frustrado al ver a un pueblo indeciso y distraído, y cómo los reyes mataban y perseguían a los profetas. Y no era para menos, pero él necesitaba aprender que esa realidad no estaba en sus manos.

Ese es el punto. ¿Cuántas veces nos frustramos por las malas decisiones de otros, afectándonos tanto que nos desanimamos pensando que no sirvió de nada lo que hicimos?

 Cuando sentimos un cansancio extremo

Elías venía de una jornada durísima desde el punto de vista físico, espiritual y emocional, tanto que se quedó dormido (1 Reyes 19:5). Él había dado todo lo que tenía: sus fuerzas, su pasión, su conocimiento, su compromiso; sin embargo, cuando la decepción y el cansancio se unen, el cansancio se potencializa.

UNA INYECCIÓN LETAL

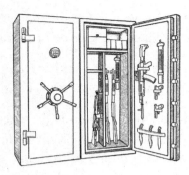

Vamos al armario

En este capítulo encontraremos dos armas poderosas que nos ayudarán en esta etapa difícil de nuestra vida. Veamos la primera.

El radio receptor

Todo soldado necesita una herramienta que, aunque no es un arma de ataque, en muchas ocasiones llega a ser más importante que un rifle. Es la radio que comunica al soldado con el centro de operaciones. Este aparato pequeño salva la vida de miles de soldados, conecta la base de operaciones con el pelotón que está en el campo de guerra y permite que vengan al rescate. Se trata del medio de comunicación que los mantiene conectados con el jefe en mando y hace posible que reciban las directrices que necesitan para cumplir la misión. Por eso, el radio operador es una de las personas fundamentales, ya que lleva la mochila con el teléfono que comunica a los soldados con sus compañeros y autoridades.

Para nosotros, el radio receptor espiritual es la comunión con nuestro general, esa relación íntima con el Espíritu Santo.

Elías, siendo un hombre que vivía en la presencia del Señor, empezó a escuchar la voz de Jezabel por encima de la voz del que lo llamó. Es por eso que Dios mismo lo tiene que sacar de la cueva en la que se había metido para enseñarle una faceta de su voz que Elías no conocía. Él le muestra un viento recio, un terremoto y un fuego ardiente, pero Dios no estaba en ninguno de ellos. Dios tuvo que volver a sintonizar a Elías con su voz.

Leamos cómo las Escrituras lo describen:

> Él le dijo: Sal fuera, y ponte en el monte delante de Jehová. Y he aquí Jehová que pasaba, y un grande y poderoso viento que rompía los montes, y quebraba las peñas delante de Jehová; pero Jehová no estaba en el viento. Y tras el viento un terremoto; pero Jehová no estaba en el terremoto. Y tras el terremoto un fuego; pero Jehová no estaba en el fuego. Y tras el fuego un silbo apacible y delicado. Y cuando lo oyó Elías, cubrió su rostro con su manto, y salió, y se puso a la puerta de la cueva. Y he aquí vino a él una voz, diciendo: ¿Qué haces aquí, Elías? (1 Reyes 19:11-13)

La señal de la radio espiritual de Elías se había debilitado por las interrupciones, el ruido de la voz de Jezabel y la voz interna del propio Elías, que le decía: «Ya estás muerto». No obstante, la voz de Dios llegó para preguntarle: «¿Qué haces aquí?».

¡Vaya pregunta! «¿Qué haces aquí?». Alguien podría decir: «¡Pero, qué pregunta tan boba! Es obvio, está en una cueva. ¿No ve que está deprimido?». Sin embargo, en realidad Dios no estaba buscando respuestas, estaba confrontando a su siervo. Aun así, Elías no lo entendió y como es propio de los seres humanos, respondió con excusas:

> He sentido un vivo celo por Jehová Dios de los ejércitos; porque los hijos de Israel han dejado tu pacto, han derribado tus altares, y han matado a espada a tus profetas; y sólo yo he quedado, y me buscan para quitarme la vida. (1 Reyes 19:14)

Lo interesante es que Dios no discute con Elías ni continúa con su línea narrativa, sino que simplemente le da una instrucción clara, que es la continuación de las palabras que le dijo el ángel que le sirvió comida en el desierto: «Levántate y come, porque largo camino te resta». Elías pensaba que ya todo estaba terminado, pero Dios le dice todo lo contrario: «Levántate, Elías, porque hay mucho que hacer y estoy contigo». Al escuchar la voz de Dios tan clara sobre su vida, el profeta ya no volvió a dar excusas y puso a Jezabel en su lugar.

Restauremos la señal con la base militar, es decir, reconectémonos con el Espíritu Santo y su Palabra, y con nuestros hermanos en la fe.

El cuarto de recuperación

Esta segunda arma no es un artefacto en sí ni algo que nosotros mismos tenemos, lo cual me apasiona, porque es una herramienta que solo usan las bases militares con los soldados heridos.

Toda base militar tiene unidades de cuidados para los soldados heridos en las que lo único que tiene que hacer el soldado es *dejarse cuidar* por el personal a cargo.

Este cuarto de recuperación es el lugar donde podemos ver algunas cosas que no veíamos antes, por ejemplo:

Él nos entiende

Si tú y yo fuéramos Dios, seguramente hubiéramos descalificado a Elías con palabras como: «¡Esto es el colmo! ¿Después de todo lo que hiciste ahora estás aquí llorando y diciendo necedades? ¿Cómo es que me pides que te quite la vida? ¿Qué es eso? ¡Me has decepcionado, Elías!».

Te has puesto a pensar cuántas veces nos escandalizamos con nuestros hermanos y amigos cuando dicen cosas en medio de una depresión y pensamos: «¡Qué terrible! Yo jamás hablaría así». Sin embargo, Dios nos conoce tan bien y nos ama tanto, que es paciente con nosotros. Como afirma la Escritura: «Compasivo y

UNA INYECCIÓN LETAL

clemente es el Señor, lento para la ira y grande en misericordia» (Salmos 103:8, LBLA).

Aunque nunca cayó en depresión, el Señor Jesucristo en el huerto de Getsemaní sufrió una presión que es imposible de soportar, experimentando un dolor y una angustia muy fuertes.

> Entonces les dijo: Mi alma está muy afligida, hasta el punto de la muerte; quedaos aquí y velad conmigo. (Mateo 26:38, LBLA)

Es por esto que, como declaran las Escrituras, Él nos entiende:

> Porque no tenemos un sumo sacerdote que no pueda compadecerse de nuestras flaquezas, sino uno que ha sido tentado en todo como *nosotros, pero* sin pecado. (Hebreos 4:15, LBLA)

El Señor es paciente con nosotros en nuestro momento de debilidad.

Él nos sustenta

> De repente, un ángel lo tocó y le dijo: «Levántate y come». Elías miró a su alrededor y vio a su cabecera un panecillo cocido sobre brasas y un jarro de agua. Comió, bebió y volvió a acostarse [...] Elías se levantó, comió y bebió. Una vez fortalecido por aquella comida, viajó cuarenta días y cuarenta noches hasta que llegó a Horeb, el monte de Dios. (1 Reyes 19:5-6, 8, NVI)

El Señor le suministró a Elías palabra y provisión. Le dio un pan cocido, caliente y recién preparado, usando a un ángel. Dios hoy te envía a un mensajero con un mensaje. La Palabra de Dios te sustentará. Si estamos aquí, es porque Él nos ha sustentado en nuestros tiempos difíciles y de desánimo.

Porque yo Jehová soy tu Dios, quien te sostiene de tu mano derecha, y te dice: No temas, yo te ayudo. No temas, gusano de Jacob, oh vosotros los pocos de Israel; yo soy tu socorro, dice Jehová; el Santo de Israel es tu Redentor. (Isaías 41:13-14)

Él nos encuentra

Elías se levantó, y comió y bebió. Una vez fortalecido por aquella comida, viajó cuarenta días y cuarenta noches hasta que llegó a Horeb, el monte de Dios. Allí pasó la noche en una cueva.

Más tarde, la Palabra del Señor vino a él.

—¿Qué haces aquí, Elías? —le preguntó. (1 Reyes 19:8-9, NVI)

No es que Elías se le hubiera perdido a Dios, sino que Dios se le manifestó a Elías donde el profeta se encontraba. La Biblia afirma que nunca podemos ocultarnos de Dios.

¿A dónde podría alejarme de tu Espíritu? ¿A dónde podría huir de tu presencia? Si subiera al cielo, allí estás tú; si tendiera mi lecho en el fondo de los dominios de la muerte, también estás allí. Si me elevara sobre las alas del alba, o me estableciera en los extremos del mar, aun allí tu mano me guiaría, ¡me sostendría tu mano derecha! Y si dijera: «Que me oculten las tinieblas; que la luz se haga noche en torno mío». Ni las tinieblas serían oscuras para ti y aun la noche sería clara como el día. ¡Lo mismo son para ti las tinieblas que la luz! (Salmos 139:7-12, NVI)

Dios llamó a Elías para servirle, lo respaldó en su momento más tremendo, cerró los cielos cuando él se lo pidió, lo sustentó durante la sequía, le mandó fuego del cielo cuando clamó por ello, abrió los cielos cuando lo ordenó, lo respaldó frente a toda la nación y en su momento de crisis, depresión y desánimo, nunca, nunca, nunca lo abandonó.

Dios no solo prometió estar en el principio o el final de tu proceso; Él prometió estar también en la mitad. Él es el Dios de tu jornada. Él llegará a ti en tu momento más difícil y te encontrará cuando nadie más pueda hacerlo.

DIOS NO SOLO PROMETIÓ ESTAR EN EL PRINCIPIO O EL FINAL DE TU PROCESO; ÉL PROMETIÓ ESTAR TAMBIÉN EN LA MITAD. ÉL ES EL DIOS DE TU JORNADA.

¿Cómo vencer la depresión y el desánimo?

> No creas las mentiras y amenazas del enemigo.
> No huyas, no te aísles.
> Recuerda lo que Dios hizo antes. Si ya lo hizo, lo hará otra vez.
> Fortalécete con su Palabra y su Espíritu Santo.
> Destruye el espíritu de Jezabel, porque la batalla es espiritual.
> Busca apoyo y practica el principio de la rendición de cuentas.

Cuando vivimos la época de la pandemia del COVID, caí en una depresión muy fuerte debido al encierro y busqué ayuda. Recurrí a un amigo que Dios puso en mi camino y él, con su pericia y conocimiento psicológico, acompañados de su madurez espiritual, me ayudó a levantarme. Le doy gracias a Dios por los compañeros que Él nos da a fin de no caminar solos.

Para cerrar la historia de Elías, resulta poderoso ver cómo Dios le ordena a este profeta regresar al lugar donde había sufrido su vergüenza, pero esta vez para decretar victoria y juicio.

> Ve a encontrarte con Acab, rey de Israel, que gobierna en Samaria. En este momento se encuentra en el viñedo de Nabot, tomando posesión del mismo. Dile que así dice el Señor: «¿No has asesinado a un hombre y encima te has adueñado de su propiedad?». Luego dile que así también dice el Señor: «¡En el mismo lugar donde los perros lamieron la sangre de Nabot, lamerán también tu propia sangre!» [...] Y en cuanto a Jezabel, el Señor dice: «Los perros se la comerán junto al muro de Jezrel». (1 Reyes 21:18-19, 23, NVI)

¡Dios no dejará en vergüenza a sus siervos! Lo más hermoso de esta historia no es cómo Elías huye y es restaurado, sino cómo Dios lo encuentra, trata con él y lo restituye. Nuestro Dios es un campeón que cumplirá su plan a pesar de nosotros.

Vamos a la trinchera

Recuerda que la trinchera es el lugar seguro donde tú, junto con tu grupo de soldados (que deben ser de tu mismo sexo), comparten las experiencias aprendidas en el campo de batalla y realizan las tareas antes de pasar al siguiente campo. No obstante, si estás solo en la trinchera, no hay ningún problema, el Espíritu Santo es tu compañero fiel que siempre te acompaña.

Aquí está la guía de trinchera de este campo de batalla:

- ¿Estás viviendo un tiempo de desánimo? ¿Por qué?
- ¿Qué ideas surgen en tu mente cuando escuchas palabras de intimidación o desvalorización de parte del enemigo? ¿Qué pasos Dios te está indicando hoy para salir de este momento de desánimo o para poder enfrentarlo cuando venga?

Después de haber compartido tus respuestas durante tu momento, pregúntales a tus compañeros y compara tu realidad con la de los demás.

Importante: ¡No pases al siguiente campo de batalla antes de pasar por la trinchera! ¡Nos vemos allí!

CAPÍTULO SEIS

¡CUIDADO CON HULK!

Tal vez has escuchado hablar del Dr. Bruce Banner, un científico socialmente retraído y reservado, débil tanto en lo físico como en lo emocional y por lo general pacífico, quien tras una exposición accidental a los rayos gamma durante la detonación de una bomba experimental se transforma físicamente en Hulk (o «el hombre increíble») cuando está sometido a un alto estrés emocional, lo que a menudo lleva a destrozos y conflictos que complican la vida civil de Banner. El nivel de fuerza de Hulk normalmente resulta proporcional a su nivel de ira, pasando de ser un hombre normal y pacífico a convertirse en un destructor verde con el cuerpo del tamaño de un gorila. ¿Te suena?

Esa es la imagen que ofrecemos muchos de nosotros en nuestra vida espiritual y emocional, por lo que en este capítulo consideraremos a este enemigo, a quien tenemos que aprender a dominar.

Hemos pasado por campos de batalla en la mente y el alma, hemos entrado a los campos enemigos llamados ofensa y desánimo, pero ahora necesitamos irrumpir en el campo de este enemigo silencioso, uno que puede llegar a controlarnos sin que nadie lo note, porque se agazapa dentro de nosotros. Este enemigo es el que alimenta los celos y las pasiones que pelean en nuestro interior, y no me refiero solo a lo sexual o inmoral, sino a aquello de lo que el apóstol Pablo nos habla.

Y manifiestas son las obras de la carne, que son: adulterio, fornicación, inmundicia, lascivia, idolatría, hechicerías, enemistades, pleitos, celos, iras, contiendas, disensiones, herejías, envidias, homicidios, borracheras, orgías, y cosas semejantes a estas; acerca de las cuales os amonesto, como ya os lo he dicho antes, que los que practican tales cosas no heredarán el reino de Dios. (Gálatas 5:19-21)

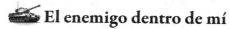 El enemigo dentro de mí

Muchas personas que se alistan en el ejército tienen serios problemas con su carácter. Dicha afección está definida por la sigla en inglés COSR (Combat and Operational Stress Reaction[1]).

Según *Military Review*, una revista profesional del ejército de los Estados Unidos de América, entre el 42 % y el 52 % de los soldados han sido testigos de cuadros de descontrol por parte de sus compañeros debido al COSR. Muchas de esas reacciones incluso requieren una atención clínica.[2]

Tomo como referencia este ejemplo porque, aunque hay diferencias importantes entre nuestro contexto y el contexto militar, sí tienen algo en común y es la manera en que reaccionamos. Muchas veces nuestras reacciones ante alguna presión o batalla de la vida no son las más apropiadas, ya que dejamos que aquellas cosas que no hemos sanado o sabido controlar nos afecten, del mismo modo que les sucede a muchos soldados, quienes pierden el control de ellos mismos debido a la mucha tensión que experimentan. Nosotros, como soldados de Cristo, somos llamados a aprender a someter y dominar a ese «Hulk» en nuestro interior.

Una de mis luchas constantes es con mi temperamento. Tengo un temperamento sanguíneo y eso me ha llevado a cometer errores y tomar decisiones desatinadas. Aunque me considero una persona con carisma, como todo sanguíneo, puedo ser muy emocional y muchas veces pierdo el control. Por eso he tenido que aprender a someter todo arranque al señorío de Cristo.

¡CUIDADO CON HULK!

Recuerdo que una vez estaba en el aeropuerto dejando a mi esposa que salía para un viaje. Disponíamos de poco tiempo, lo que nos causaba mucho estrés, pero además las circunstancias no colaboraban. Primero, nos acercamos al mostrador para hacer la facturación de su vuelo, pero a pesar de que no había nadie más, estuvimos allí parados por más de diez minutos sin que nadie nos atendiera. El reloj estaba corriendo y yo me estaba estresando cada vez más (estaba saliendo el Hulk que llevo dentro) cuando le pedí a una trabajadora de la aerolínea, admito que con un poco de dureza, que nos atendiera.

Después, al momento de pesar las maletas, como es habitual cuando mi esposa va de viaje, nos informaron que había que reducir el peso o tendríamos que pagar cargos extras. El estrés empezaba a aumentar, ya me estaba poniendo verde, así que le pedí a mi hijo Natanael que me ayudara a sacar ropa de una maleta para meterla en la otra mientras yo seguía llevando a cabo el proceso de documentación. El problema es que al parecer él no me escuchó y cuando di la vuelta pensando que había hecho lo que le había pedido, me di cuenta de que no había sido así. Y todo esto con el tiempo encima.

Mi Hulk interno se iba haciendo más grande y ya estaba a punto de surgir cuando, en un tono fuerte, le dije a mi hijo: «¡Te pedí que me ayudaras con la maleta! ¡El tiempo corre y van a cerrar el vuelo!», y a él, un joven adulto que también estaba estresado con otros asuntos, no le sentó nada bien mi regaño y no se le ocurrió otra cosa que responderme: «¡¿Y por qué no lo haces tú?!». Fue en ese instante cuando Hulk se manifestó y empezamos a discutir en presencia de todos los que estaban ahí. Aclaro que Natanael es un joven muy respetuoso y buen hijo, pero los dos nos encontrábamos en un momento de mucho estrés y tensión, y aunque no nos faltamos al respeto, sí nos enojamos... o mejor dicho, ahí

121

mismo en el aeropuerto se nos salió el Hulk y mi esposa tuvo que intervenir.

Los ánimos se calmaron y solucionamos el asunto de las maletas, pero no pudimos evitar el momento vergonzoso de la jornada cuando la trabajadora de la aerolínea, que había sido testigo de todo el espectáculo, me entregó la tarjeta de embarque de mi esposa y me dijo: «Aquí están las tarjetas de embarque, pastor David Scarpeta, porque usted es David Scarpeta, ¿verdad?». Cuando pronunció esas palabras, me quedé helado y le respondí: «Pues... yo creo que sí... aunque ahora mismo no sé», a lo que ella me contestó: «Yo escucho sus prédicas y me han bendecido mucho». No supe qué decir más allá de un escueto «gloria a Dios», pero por dentro me recriminaba: «¡Scarpeta, qué vergüenza!». Y para rematar, en la fila detrás de nosotros estaba un amigo de muchos años, el cantante cristiano Alex Campos, que en son de burla sana me dijo: «¡Qué belleza... qué belleza!». Fue un momento de risa, pero de vergüenza al mismo tiempo. Nunca olvidaré ese episodio en el que mi Hulk interno salió a relucir.

El Espíritu Santo guía a Santiago a corregir la conducta de los creyentes. Él nos lo dice de esta manera:

> ¿De dónde surgen las guerras y los conflictos entre ustedes? ¿No es precisamente de las pasiones que luchan dentro de ustedes mismos? (Santiago 4:1, NVI)

El tema principal de su epístola es la fe manifestada en la vida diaria, confrontando las actitudes malas que hay en nosotros. Nos habla de celos (Santiago 3:14), sobre la falsa sabiduría (Santiago 3:15-17), acerca de la lengua que ofende (Santiago 3:6), y continúa con las guerras y los pleitos de los que habla Santiago 4:1. El apóstol conecta la cadena del mal comportamiento con una

¡CUIDADO CON HULK!

pregunta clave: ¿de dónde vienen todas esas actitudes? En otras palabras: ¿de dónde sale ese Hulk?

La palabra «guerra» proviene del griego *pólemos*, que quiere decir «grandes batallas y grande bullicio», es decir, guerra de palabras con bullicio, guerra de argumentos; y la palabra «pleitos» proviene del griego *máje*, que quiere decir «contiendas, peleas, discusiones». Entonces, en otras palabras, lo que el Espíritu Santo nos pregunta a través de Santiago es: «¿De dónde vienen las batallas de argumentos, las discusiones y las peleas?».

Alguien podría decir: «Yo sé la respuesta y es obvia: del estrés que tengo, de los problemas que enfrento o de mi cónyuge problemático al que no aguanto más». Alguien más podría alegar: «De las injusticias que veo». Y algún otro podría afirmar: «Me comporto así porque me han herido mucho y no confío en nadie». Sin embargo, según las Escrituras, nada de eso es la raíz del problema. El «hombre o la mujer increíble» es el síntoma. La ira, los celos y las malas actitudes son solo lo que se ve, pero ¿cuál es la raíz de todo? Santiago 4:2 nos lo dice claramente: las pasiones que luchan dentro de nosotros.

La palabra «pasiones» proviene del griego *jedoné*, que quiere decir «deseos que combaten en nuestros miembros», más específicamente, «que sirven como soldados dentro de su cuerpo». ¡Vaya! Tengo un par de «Hulks» dentro de mí que están combatiendo constantemente.

Eso nos tiene que llevar a entender que la raíz de nuestros conflictos de carácter no son los problemas que enfrentamos, sino los deseos pecaminosos que residen dentro de nosotros como un ejército. El predicador Salomón nos exhorta:

> No te apresures en tu espíritu a enojarte; porque el enojo *se anida en el seno de los necios.* (Eclesiastés 7:9, LBLA, énfasis añadido)

El Espíritu Santo nos está diciendo a través de Salomón que la ira reposa, se queda, es propia de las personas necias. La ira no se presenta en los necios en determinado momento y se va, sino que vive con ellos. En otras palabras: «No despierten al león porque está presente».

PONLE NOMBRE

Ese Hulk del que hemos estado hablando tiene un nombre y no es Bruce Banner, se llama ira y enojo, y se manifiesta de varias maneras:

 ### Con palabras de maldición

> Pero ningún hombre puede domar la lengua, que es un mal que no puede ser refrenado, llena de veneno mortal. Con ella bendecimos al Dios y Padre, y con ella maldecimos a los hombres, que están hechos a la semejanza de Dios. (Santiago 3:8-9)

La lengua es el primer miembro del cuerpo que manifiesta al Hulk que llevamos dentro, porque de la abundancia del corazón habla la boca. Como mencioné en el capítulo anterior, las palabras tienen un poder impresionante: una persona enferma, enfermará a otros con sus palabras; una persona ofendida, ofenderá a otros con sus palabras. Y no solo me refiero a que podemos dañar u ofender a otros, sino también a que muchas veces nosotros somos los ofendidos. Es ahí donde Hulk es provocado.

Recuerdo una historia en las Escrituras acerca del rey David que me impacta mucho. El gran rey de Israel, un hombre decidido y

¡CUIDADO CON HULK!

determinado, enfrenta uno de los momentos más duros de su vida al ser atacado por su propio hijo Absalón, quien a su vez quería quitarle el trono. Entonces el rey recibe unas palabras muy ofensivas de una persona común y corriente. Así lo describe el profeta Samuel:

> —¡Vete de aquí, asesino y sinvergüenza! —le gritó a David—. El Señor te está pagando por todo el derramamiento de sangre en el clan de Saúl. Le robaste el trono, y ahora el Señor se lo ha dado a tu hijo Absalón. Al fin te van a pagar con la misma moneda, ¡porque eres un asesino!
>
> —¿Cómo es posible que este perro muerto maldiga a mi señor el rey? —exclamó Abisai, el hijo de Sarvia—. ¡Déjeme ir y cortarle la cabeza!
>
> —¡No! —dijo el rey—. ¿Quién les pidió su opinión a ustedes, los hijos de Sarvia? Si el Señor le dijo que me maldijera, ¿quiénes son ustedes para detenerlo? (2 Samuel 16:7-10, NTV)

Este pasaje me deja asombrado. David es el rey y ante semejante ofensa cualquier otro monarca podría haber actuado con justicia o venganza, mucho más cuando alguien de su confianza como lo era Abisai le pedía permiso para matar a «ese perro atrevido». Sin embargo, la respuesta de David fue increíble y definitivamente reflejaba que no era el mismo de años atrás, como tampoco lo eran sus respuestas ni sus reacciones.

La Biblia nos cuenta en 1 Samuel 25 que cuando David todavía no era rey y subía con su ejército, le pidió pan a un hombre necio llamado Nabal, quien no solo se negó a dárselo, sino que respondió de forma despectiva a su petición diciendo: «¿Y quién es ese tal David para que yo le dé de mi pan?». La reacción de David ante tal desprecio fue tomar la decisión de matarlo a él junto a toda su familia. Tal hecho no se consumó gracias a la intervención de Abigail, esposa de Nabal, una mujer de buen juicio.

Te cuento esto para que notes un detalle interesante: en el caso de David y Nabal la ofensa resultó menor, pero la reacción de David fue mucho mayor y más furiosa. Sin embargo, en el pasaje que leímos antes en el que David es ofendido e irrespetado siendo el rey y pudiendo ordenar la muerte de la persona, él responde diciendo que dejen a su ofensor con vida, afirmando que si Dios lo había permitido, nadie podría impedirlo. David nos muestra aquí un proceso de madurez en el que aprendió a canalizar las palabras que escuchaba.

¿Cómo reaccionaríamos nosotros si alguien nos dijera asesino, sinvergüenza, ladrón y que Dios nos está haciendo pagar por todo lo que hemos hecho? Seguramente, por más cristianos que seamos algunos, el Hulk que llevamos dentro se revelaría «en el nombre del Señor». No obstante, David nos modela un corazón que ha aprendido a mantener amarrado a Hulk y a caminar en mansedumbre.

 Con maquinaciones y sabiduría diabólica

Volvamos a la epístola de Santiago:

> Pero si tienen envidias amargas y ambiciones egoístas en el corazón, no encubran la verdad con jactancias y mentiras. Pues la envidia y el egoísmo no forman parte de la sabiduría que proviene de Dios. Dichas cosas son terrenales, puramente humanas y demoníacas. (Santiago 3:14-15, NTV)

Cualquiera puede decir: «Bueno, pero yo no ofendo a nadie, no hablo como ese señor le habló a David, no digo malas palabras, no grito en la casa», pero la realidad es que probablemente maquinamos o procesamos en la mente escenas de maldad y generamos

¡CUIDADO CON HULK!

ambiciones malsanas. Ese Hulk que se llama envidia y celos es bien fuerte, y la ira que produce resulta más peligrosa, porque es una ira o una inconformidad solapada, que nos consume por dentro aunque no la manifestemos con ofensas.

 Con actitudes destructivas

> Quítense de vosotros toda amargura, enojo, ira, gritería y maledicencia, y toda malicia. (Efesios 4:31)

Muchas veces no se trata de las palabras, sino de actitudes, miradas o antipatía. Hoy en día se ve muchísimo eso, incluso en la vida de muchos creyentes que no se soportan los unos a los otros. Hulk está presente en estas personas, y tarde o temprano no lo van a poder disimular ni ocultar.

Las Escrituras nos advierten: «Airaos, pero no pequéis» (Efesios 4:26). La ira no se puede evitar, pero sí se puede controlar.

Salvaje, frágil y manso

En la vida encontraremos a tres tipos de personas: los salvajes, los frágiles y los mansos. La Biblia nos ilustra con un gran ejemplo de ellos a través de la vida de tres personas, sobre las cuales seguramente hemos leído. Se trata de Moisés, el gran líder de Israel, y sus dos hermanos: María (o Miriam en algunas versiones bíblicas) y Aarón.

Las Escrituras nos muestran una fuerte escena protagonizada por ellos, especialmente por María y Aarón. Así se describe ese episodio:

> María y Aarón hablaron contra Moisés a causa de la mujer cusita que había tomado; porque él había tomado mujer cusita. Y dijeron: ¿Solamente por Moisés ha hablado

Jehová? ¿No ha hablado también por nosotros? Y lo oyó Jehová. (Números 12:1-2)

Todo empezó porque María y Aarón no estaban conformes con su cuñada, la esposa de Moisés, porque era cusita, es decir, de otra raza no judía, morena y egipcia. Además, María consideraba que ella era tan capaz de hablar de parte de Dios como su hermano Moisés, pues afirmaba: «¿Acaso es que Dios solo habla a través de Moisés? Yo también soy profeta». Y sí, tal vez tenía sentido su argumento, pues fue ella quien al cruzar el mar Rojo sacó el pandero y profetizó, convirtiéndose sin saberlo en la compositora de una canción que todavía cantamos en nuestros días (Éxodo 15). El problema radicaba en que María, siendo profetisa y hermana del más grande líder, dejó salir al Hulk que residía dentro de ella. Entonces la crítica, acompañada del orgullo y la altivez, la llevaron a cuestionar la unción y el liderazgo de Moisés, convenciendo a su hermano Aarón de hacer lo mismo.

María representa a la persona *salvaje*, esa que habla de manera ofensiva y sutilmente envenena a los otros. Esas personas tienen a un Hulk disfrazado de gato, pero en realidad son fieras sacando sus garras.

El salvaje siempre buscará a un frágil para manipularlo e inocularle su veneno. Eso fue precisamente lo que hizo María al buscar a su mejor aliado, su hermano, el sacerdote Aarón, una persona *frágil* que a pesar de su unción y asignación tenía la gran debilidad de dejarse llevar por lo que otros le dijeran. Esto lo vemos claramente cuando Moisés sube al monte para estar con Dios y recibir las tablas de la ley, mientras que el pueblo abajo desesperado le habla con altanería y altivez a Aarón, incitándolo a pecar (Éxodo 32). El resultado fue que él, por temor al pueblo, hizo tal cual ellos le dijeron.

LA MANSEDUMBRE NO ES UN DON, SINO UN FRUTO, Y LOS FRUTOS SE DESARROLLAN.

Esto me lleva a pensar también que los más peligrosos no son los salvajes, sino los frágiles. Unos pocos salvajes influyen a muchos frágiles, pero los frágiles son los que se muestran volubles; los que sonríen a todos, pero no están con nadie; los que le dan la razón a todos, pero al mismo tiempo están inconformes. El frágil no tiene convicción ni principios, sino que se deja arrastrar por las conveniencias, influenciado por los salvajes.

Ahora bien, poniendo la mirada sobre Moisés, la Escritura dice: «Y aquel varón Moisés era muy manso, más que todos los hombres que había sobre la tierra» (Números 12:3).

La palabra «manso» proviene del hebreo *anáv*, que significa «quebrantado, humilde, sufrido y sumiso», y del griego *prcus* que significa «apacible». Este era Moisés, un hombre sufrido, quebrantado y sumiso, que aprendió la mansedumbre a través del quebrantamiento. Recordemos que Moisés fue un asesino impulsivo que vivió episodios terribles.

Sin embargo, ¿cómo es que Moisés, ese hombre que sufrió crisis tan terribles y vio cosas tan espantosas, llegó a recibir tan hermoso calificativo? Lo logró porque la mansedumbre no es un don, sino un fruto, y los frutos se desarrollan.

Entonces la pregunta que nos debemos hacer es: ¿soy salvaje, frágil o manso? Recuerda que este capítulo se trata de cómo controlar y someter a tu Hulk, de cómo dejar de ser salvaje o frágil para llegar a ser manso. ¿De qué manera lograrlo? Sigue leyendo.

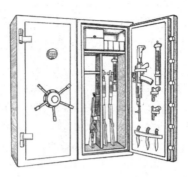

Vamos al armario

Unidad de cuidado

Ya identificamos al enemigo fuerte que está dentro de nosotros, pero ¿cómo podemos aprender a dominarlo y someterlo?

En el ejército de los Estados Unidos hay un programa que ofrece un tratamiento muy eficaz desarrollado con tecnología avanzada, el cual consiste en un acompañamiento especial aplicado a los soldados con daños emocionales y psicológicos. Dicho tratamiento se recibe en lo que se denomina WTU (Warrior Transition Unit[3]). La clave de este proceso de ayuda es la cohesión de unidad y trabajo en equipo; es decir, al soldado no se le deja solo, sino que se camina con él a través de todo el proceso. Muchos estudios

¡CUIDADO CON HULK!

han arrojado que la clave para la restauración emocional de muchos soldados no han sido los procesos tecnológicos, sino el acompañamiento humano.[4]

Aplicado a nosotros en el ámbito espiritual, a esta unidad podríamos llamarle Unidad de Cuidado del Guerrero (UCG).

Nuestro Señor Jesucristo dijo algo muy poderoso y hermoso:

> Vengan a mí todos los que están cansados y llevan cargas pesadas, y yo les daré descanso. Pónganse mi yugo. Déjenme enseñarles, porque yo soy humilde y tierno de corazón, y encontrarán descanso para el alma. Pues mi yugo es fácil de llevar y la carga que les doy es liviana. (Mateo 11:28-30, NTV)

A la mayoría nos encanta esa promesa, pero tenemos que ver todo el contexto de la conversación, pues estas palabras también contienen una invitación de Jesús a ponerse su yugo.

He de confesar que tenía la idea en mi mente de que yo le entregaba mis pesadas cargas a Jesús y Él me daba una liviana, pero no es así. Debemos tener presente que el yugo al que Jesús se refiere es el que va sobre una yunta de bueyes, ese pedazo de madera que conecta a dos bueyes para que aren juntos. Cabe destacar que en esos tiempos uno de los dos bueyes era experimentado y sabía el paso y la forma de arar, por lo que lo ponían al lado de un buey joven e inexperto para que este aprendiera de su compañero. Me imagino que al principio al buey joven le costaba llevar el paso, pero luego de un tiempo de caminar al lado del buey experimentado, finalmente aprendía.

La imagen aquí es hermosa, porque Jesús ya tiene su yugo puesto y nos invita a que caminemos a su lado. Él nos dice: «¡Vengan, caminen a mi lado! Yo les voy a enseñar a ser mansos y humildes de corazón, y entonces hallarán descanso para sus almas». Ese es un concepto que me impacta, porque me enseña que el descanso no es el resultado de no tener conflictos, sino de caminar constantemente con Jesús y estar unido a Él. Por eso Moisés pudo lograrlo y constituye un ejemplo tan poderoso. La clave estuvo en que él aprendió a caminar con Dios.

EL DESCANSO NO ES EL RESULTADO DE NO TENER CONFLICTOS, SINO DE CAMINAR CONSTANTEMENTE CON JESÚS Y ESTAR UNIDO A ÉL.

Recordemos que el arma de la que estamos hablando aquí es el cuidado del soldado. ¿Y quién mejor para cuidar de sus valientes que nuestro Dios? Él cuida de nosotros por medio del aprendizaje que adquirimos al caminar a su lado. En nuestra Unidad de Cuidados del Guerrero es donde aprendemos a caminar en mansedumbre y a vestirnos de Él.

¿CÓMO VENCER A HULK?

 Ponlo a un lado

Deshágance de su vieja naturaleza pecaminosa y de su antigua manera de vivir, que está corrompida por la sensualidad y el engaño. En cambio, dejen que el Espíritu les renueve los pensamientos y las actitudes. Pónganse la nueva naturaleza, creada para ser a la semejanza de Dios, quien es verdaderamente justo y santo [...] Además, «no pequen al

¡CUIDADO CON HULK!

dejar que el enojo los controle». No permitan que el sol se ponga mientras siguen enojados, porque el enojo da lugar al diablo. (Efesios 4:22-24, 26-27, NTV)

Pablo aquí le está hablando a hijos de Dios que tienen el Espíritu Santo dentro de ellos, y la primera palabra que usa es *desháganse*, que significa poner a un lado o aparte. Sin embargo, ¿cómo dejar a un lado la vieja naturaleza?

> Todos los que son guiados por el Espíritu de Dios, estos son hijos de Dios. (Romanos 8:14)

En otras palabras, dejar la vieja naturaleza no es una decisión que implica la autoayuda y la voluntad propia, basándonos en una fuerza que depende de nuestra humanidad, sino que es una decisión que debe ir acompañada del poder del Espíritu Santo. Efesios 4:22 habla de la «vieja naturaleza», que ya no es la que tenemos ahora; ahora tenemos una naturaleza nueva, por lo que se nos dice: «Ustedes no son los mismos de antes, recuérdenlo».

He aquí algunas diferencias entre el viejo hombre (dominado por Hulk) y el nuevo hombre (dominado por el Espíritu de Dios):

- Hulk se deja arrastrar por la ira; el nuevo hombre controla su ira con la ayuda del Espíritu Santo.
- Hulk habla de más y daña a otros; el nuevo hombre es sabio y edifica a otros con sus palabras.
- Hulk derrocha el dinero; el nuevo hombre es un administrador sabio de los recursos que posee.
- Hulk toma decisiones impulsivas; el nuevo hombre busca la sabiduría de Dios para tomar decisiones correctas.
- Hulk no tiene control de sí mismo; el nuevo hombre ejerce el dominio propio que le ha sido dado.

Es tiempo de despojarnos del viejo hombre, quien fabrica todos los deseos engañosos y nos engaña a nosotros mismos.

 Construye una mente bíblica

> En cambio, dejen que el Espíritu les renueve los pensamientos y las actitudes. (Efesios 4:23, NTV)

El espíritu de mi mente es la vida interior que se refleja en mis pensamientos y actitudes. La mente está viva, por eso tiene espíritu, y las palabras de Jesús son Espíritu y son vida. Entonces, cuando mi mente está codificada con las palabras de Cristo, mi comportamiento tarde o temprano seguirá sus principios. Eso es lo que significa tener una mente bíblica.

 Vístete del nuevo hombre:

> Y vestíos del nuevo hombre, creado según Dios en la justicia y santidad de la verdad. (Efesios 4:24)

La palabra que se traduce aquí como «vestíos» es el término griego *endúo*, que quiere decir «revestirse, cubrirse completamente como quien se pone un manto de cobertura sobre él mismo». El apóstol Pablo también nos exhorta de esta manera en la carta a los romanos:

> Vestíos del Señor Jesucristo. (Romanos 13:14)

Antes de estar vestido de mi función de padre o madre, hijo, pastor, estudiante o cónyuge, debo estar revestido de Jesucristo, pues la vida no se trata de ser buenos, sino de ser como Cristo. Esta es la razón por la que no nos podemos permitir darle lugar al diablo.

«No pequen al dejar que el enojo los controle». No permitan que el sol se ponga mientras siguen enojados, porque el enojo da lugar al diablo. (Efesios 4:26-27, NTV)

La palabra traducida aquí como «lugar» es el término griego *tópos*, que significa «oportunidad» y la imagen que se emplea es la de un barco que encuentra un puerto de estadía. En otras palabras, lo que Dios nos dice aquí es que no debemos permitir que el diablo tenga un puerto de llegada, ni menos de estadía, en nuestras vidas.

Vamos a la trinchera

Recuerda que la trinchera es el lugar seguro donde tú, junto con tu grupo de soldados (que deben ser de tu mismo sexo), comparten las experiencias aprendidas en el campo de batalla y realizan las tareas antes de pasar al siguiente campo. No obstante, si te encuentras solo en la trinchera, no hay ningún problema, el Espíritu Santo está contigo.

He aquí la guía de trinchera de este campo de batalla:

> ¿Cómo estás reaccionando ante las presiones de la vida?
> ¿Cómo te encuentras en lo que respecta al tema de la ira?

> Compartan experiencias de cómo han sido dañados por otros, pero también sobre cómo ustedes han dañado a otros.

> Basándose en la sección del armario de este capítulo, ¿qué armas necesitan fortalecer en sus vidas?

Importante: ¡No avances al siguiente campo de batalla antes de pasar por la trinchera! ¡Nos vemos allí!

CAPÍTULO SIETE

QUE LA BOMBA NO EXPLOTE

En este capítulo entraremos en un campo de batalla que muchos desconocen, pero en el cual muchos soldados mueren y quedan tendidos en el lodo. Es el campo donde libramos una batalla con nuestro propio cuerpo, es decir, con las pasiones que quieren controlarnos.

Muchos afirman que el cuerpo no es importante y lo argumentan diciendo que algún día se volverá polvo una vez más. Sin embargo, la manera en que usamos nuestro cuerpo demuestra si realmente el Espíritu de Dios vive dentro de nosotros. Es decir, si usamos nuestros miembros para pecar, el que manda dentro de nosotros es el viejo hombre o la naturaleza pecaminosa, no el Espíritu de Dios. Por esta razón es importante aclarar que nuestro cuerpo no es solo el caparazón o el envase donde se anida el alma y el espíritu, sino que también es la casa donde habita el Espíritu Santo. Asimismo, el cuerpo es importante porque puede ser un instrumento para nuestra destrucción o para nuestra victoria.

LA MANERA EN QUE USAMOS NUESTRO CUERPO DEMUESTRA SI REALMENTE EL ESPÍRITU DE DIOS VIVE DENTRO DE NOSOTROS.

Permíteme decirlo de esta manera: nuestro cuerpo expresa lo que está en nuestro interior. Por ejemplo, si en nuestro corazón hay maldad, nuestra boca hablará destrucción; si nuestra mente está sucia, nuestro cuerpo manifestará esa contaminación mental; si tenemos amargura o tristeza en el alma, nuestra mirada y nuestro lenguaje corporal tarde o temprano la va a expresar, o lo que es peor, nuestro cuerpo somatizará esas emociones no sanadas. Por esta razón, el apóstol Pablo nos recuerda:

> Amados hermanos, les ruego que entreguen su cuerpo a Dios por todo lo que él ha hecho a favor de ustedes. Que sea un sacrificio vivo y santo, la clase de sacrificio que a él le agrada. Esa es la verdadera forma de adorarlo. (Romanos 12:1, NTV)

Pablo nos insta a entregar nuestros cuerpos en sacrificio vivo, así que en este capítulo hablaremos de la pureza sexual y en el próximo, del cuidado de la salud corporal, pues ambas cosas permiten que nuestro sacrificio vivo sea aceptable a Dios.

El cronómetro bomba o la bomba de tiempo

Una de las cosas que ponen las emociones a flor de piel es estar viendo una película donde hay una bomba con un cronómetro que explotará en segundos. En la escena el protagonista tiene sesenta segundos para rescatar a los prisioneros, llamar al helicóptero que va a transportarlos, y ya de paso matar a cien enemigos que lo están esperando afuera. ¡Y lo mejor es que en la película lo logra! Mata a los cien enemigos, rescata a los prisioneros y sale volando en el helicóptero.

Esta ilustración es perfecta para recrear a otro de nuestros enemigos internos: una bomba con cronómetro dentro de nosotros que quiere tomar dominio no solo de nuestras emociones, sino también de nuestro cuerpo. Este enemigo, asociado con las pasiones inmorales, se llama *naturaleza pecaminosa*, la cual a la larga nos destruirá si no la bloqueamos.

QUE LA BOMBA NO EXPLOTE

Las Escrituras hacen referencia a esta lucha que enfrentamos:

> La naturaleza pecaminosa desea hacer el mal, que es precisamente lo contrario de lo que quiere el Espíritu. Y el Espíritu nos da *deseos que se oponen* a lo que desea la naturaleza pecaminosa. Estas dos fuerzas luchan constantemente entre sí, entonces ustedes no son libres para llevar a cabo sus buenas intenciones (Gálatas 5:17, NTV, énfasis añadido)

El término traducido como «oponerse» es la palabra griega *antíkemai*, que significa «adversario, oponente»; por tanto, el apóstol Pablo, inspirado por el Espíritu Santo, nos muestra en este versículo una verdad: no hay, ni nunca habrá, acuerdo entre el Espíritu y la carne, o nuestra naturaleza pecaminosa. Existen dos adversarios dentro de nosotros que nunca firmarán un acuerdo de paz, sino que siempre serán oponentes, y mientras no lo entendamos estaremos bajo el dominio de la naturaleza pecaminosa.

En este sentido, hay tres tipos de personas:

> Los que no tienen al Espíritu de Dios en ellos y viven controlados por su naturaleza pecaminosa, pero no tienen conciencia de esto. Es decir, al no tener la dirección del Espíritu Santo, piensan que así es la vida y punto.

> Los que son conscientes de las cosas de Dios y la lucha que sostienen dentro. Estos conocen las consecuencias de vivir dominados por la carne, pero aun así son esclavos de ella.

> Los que han recibido al Espíritu Santo y tienen una conciencia espiritual de lo que agrada y no agrada al Señor, pero además, que es lo más importante, se dejan dominar por el Espíritu Santo. Como lo señala la Escritura: «Si son guiados por el Espíritu, no están bajo la ley» (Gálatas 5:18, LBLA).

Santiago, inspirado por el Espíritu Santo, nos habla de una manera clara acerca de la tentación que se conecta con esta bomba de tiempo:

> Cuando sean tentados, acuérdense de no decir: «Dios me está tentando». *Dios nunca es tentado a hacer el mal y jamás tienta a nadie.* La tentación viene de *nuestros propios deseos*, los cuales nos seducen y nos arrastran. De esos deseos nacen los actos pecaminosos, y el pecado, que cuando se deja crecer, da a luz la muerte. (Santiago 1:13-15, NTV, énfasis añadido)

Este pasaje es claro al decirnos que la tentación no viene de Dios, sino de nuestros propios malos deseos. En el texto original, la imagen que Santiago usa para describir la manera en que la tentación nos arrastra es la de un animal cuando es engañado con un cebo o una carnada. Esta descripción es muy exacta, porque así como ese animal es arrastrado y muere, de la misma manera muchos somos atraídos ignorando la bomba de tiempo que llevamos por dentro, la cual nos destruye cuando explota.

Permíteme hacer una pequeña aclaración en este punto, y es que la tentación no es lo mismo que la prueba, porque la prueba viene con el propósito de edificar, pero la tentación busca destruir.

Ahora quiero que prestes mucha atención: toda bomba tiene un *dispositivo* (en la actualidad, con control remoto) que es pulsado por alguien que desde afuera la activa para que explote. En nuestro caso, ese «alguien» es Satanás, el tentador (Mateo 4:3), quien para activar una bomba de tiempo destructiva lo único que necesita es un *punto de contacto* dentro de nosotros. Por eso, si él logra conectarse con una *bomba activa* que está lista para estallar, lo único que necesitará será oprimir ese botón llamado tentación y... ¡booooom!

QUE LA BOMBA NO EXPLOTE

Eso le sucedió muy seguido a Sansón, un hombre con una unción única y un llamado glorioso, pero con una bomba de tiempo de sensualidad e inmoralidad activa dentro de él, la cual dondequiera que él iba, explotaba. Fue precisamente esto lo que causó su destrucción. Aunque él se arrepintió en el último minuto, su vida terminó hecha añicos y su propósito voló en mil pedazos.

Antes de continuar, quiero hacerte unas preguntas. ¿Cómo está esa bomba de tiempo dentro de ti? ¿Está activa o desconectada? ¿Hay algo en tu vida que atrae al tentador y hace que con solo oprimir un botón él pueda destruirte? Oro para que al leer las páginas de este capítulo y adentrarte en este campo de batalla en el que luchas con tu propio cuerpo seas libre por el poder de Dios y fortalecido en tu hombre interior.

Dobles

Algo que tienen en común todos los superhéroes, además de tener un punto débil y algún villano en su contra, es que la mayoría de ellos tienen una identidad doble y secreta. Mientras no están salvando al mundo, se muestran ante todos como personas comunes y corrientes que viven vidas «normales». Así podemos ver, entre muchos otros, al tímido reportero Clark Kent ocultando a un Superman; al millonario Bruce Wayne, que esconde a Batman; al jovencito Peter Parker, que en realidad es Spider-Man; a Diana Prince, que es la mujer maravilla; o al ostentoso Tony Stark, que no disimula que es Iron Man (mi favorito). Lo curioso es que aunque para nosotros al otro lado de la pantalla es muy evidente su identidad real, pocas veces son reconocidos por la gente.

Cuidando las proporciones, algo parecido nos sucede a nosotros. Tenemos dos naturalezas dentro de nosotros: una naturaleza renovada, que busca hacer la voluntad de Dios, y una naturaleza pecaminosa, esa bomba de tiempo con la que venimos todos al nacer. Déjame darte algunos ejemplos: a un niño no hay que enseñarle a no compartir, porque desde pequeños el egoísmo está en nosotros, la tendencia a hacer lo malo ya está presente. De la misma forma, cuando los niños cometen un error, la naturaleza pecaminosa presente en todos nosotros hace que quieran ocultarse y encubrir su falta. Así como Adán y Eva se escondieron cuando pecaron, nuestra inclinación es escondernos cuando hacemos algo malo.

Lo mismo sucede con el hábito de decir alguna mentira después de haber cometido un error por miedo a ser castigados. Eso es algo intrínseco, pues nadie le dice a un niño: «Mira, si cometes un error miente y saldrás del problema», sino que el niño automáticamente miente sin que nadie se lo enseñe. ¿Y de dónde proviene esa conducta? ¿Quién conectó y codificó esa bomba de tiempo? Eso resulta de nuestra naturaleza pecaminosa.

Hay quienes piensan que aunque exista una tendencia a hacer lo malo, si una persona es educada en una familia con valores, cambiará. Y sí, eso ayuda. Sin embargo, por más educada, ética y buena gente que sea esa persona, si Cristo no está gobernando en su vida, en algún momento será cautiva de su naturaleza pecaminosa.

Cuentan una historia sobre una pareja que se encontraba cenando en un restaurante. Se veían muy enamorados y estaban disfrutando de un tiempo agradable. Al terminar de cenar, pidieron comida para llevar, pero cuando subieron a su auto para marcharse, se dieron cuenta de que el cajero del restaurante se había equivocado y en vez de darles la bolsa de la comida, les había dado la bolsa con el dinero que había entrado ese día al restaurante. En el momento en que el hombre se dio cuenta del error tan grande, inmediatamente regresó al lugar y devolvió la bolsa diciendo: «Señor, disculpe, usted se ha equivocado y en vez de darme la comida, me dio una bolsa llena de dinero. Yo no me puedo ir con esto a casa causándoles un daño tan terrible. Aquí está su dinero y si es tan amable, me puede dar mi comida. Muchas gracias».

Cuando el cajero vio tal acto de honestidad, no sabía cómo reaccionar. El gerente del restaurante, al darse cuenta de lo sucedido, le dijo al hombre: «Señor, es la primera vez que veo algo así. ¿Cómo es que usted, pudiendo llevarse el dinero, regresa para entregárnoslo? Usted es un hombre muy honesto, así que me gustaría que esta noticia saliera por la radio, la televisión y las redes de nuestra ciudad, ya que sería una historia digna de contar. Permítame llamar al noticiero para que le hagan una entrevista y que todo el mundo sepa que todavía hay personas honestas». Al escuchar estas palabras, el hombre «honesto» le respondió: «No, por favor, no haga eso, porque la mujer con quien estoy no es mi esposa». Esto es un reflejo de la humanidad: un hombre aparentemente honesto e íntegro era a la vez un infiel y engañaba a su esposa.

Hoy en día hay muchas personas educadas, pero pecadoras; personas amables, pero que viven una doble moral; personas que son muy limpias en sus finanzas o en el orden con el que llevan sus negocios, pero al mismo tiempo son controladas por su naturaleza pecaminosa en otros aspectos. Por eso, a menos que Cristo gobierne nuestras vidas, no podremos someter esa naturaleza pecaminosa, no podremos desactivar y descodificar esa bomba de tiempo. Sin embargo, gracias a Dios hay un armario al que acudir.

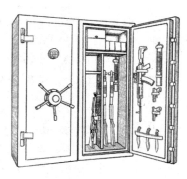

Vamos al armario

EL TEDAX

TEDAX es una sigla que quiere decir: Técnico Especialista en Desactivación de Artefactos Explosivos. Especialmente en España, se les llama así a aquellas personas cuya actividad es la neutralización, desactivación e intervención de artefactos explosivos no reglamentarios o prohibidos.

Cuando hay un artefacto explosivo, se necesita un experto que pueda desactivarlo y dejarlo inútil. Y en lo que respecta a nuestra vida, ese operador sobrenatural es la persona del Espíritu Santo.

A través del apóstol Pablo, Dios nos lo dice de esta manera:

> Por lo tanto, amados hermanos, no están obligados a hacer lo que su naturaleza pecaminosa los incita a hacer; pues, si viven obedeciéndola, morirán; pero si mediante el poder del Espíritu hacen morir las acciones de la naturaleza pecaminosa, vivirán. (Romanos 8:12-13, NTV)

Veamos tres puntos importantes:

1. Lo primero es lo que indica la frase «no están obligados». Es decir: «No tienes por qué obedecer a tu naturaleza

pecaminosa, deja de pensar que eres una persona débil que siempre tienes que hacer lo que tu naturaleza pecaminosa te dice. No tienes que hacerlo».

2. Lo segundo que nos menciona es que si vivimos obedeciendo a esa naturaleza pecaminosa, moriremos. Me llama la atención la frase «viven obedeciéndola», con lo cual se refiere a una forma de vivir a la que, lastimosamente, muchos ya se acostumbraron, sometiéndose al pecado todo el tiempo. No es que fallen, sino que viven fallando.

3. Lo tercero que Pablo nos dice es que si hacemos morir las acciones de la naturaleza pecaminosa por medio del Espíritu Santo, viviremos. Entonces, la clave aquí no es hacerlo con nuestras propias fuerzas, sino *con el poder del Espíritu*. En palabras que se apliquen a este libro y este capítulo, es como decir que si te apoyas en el que tiene el poder de desactivar y dejar inútil esa bomba para hacerlo, no volarás en pedazos.

Nuestra naturaleza pecaminosa siempre estará ahí latente, no podemos deshacernos de ella hasta que Cristo sea manifestado, venga por nosotros y nuestros cuerpos sean transformados en cuerpos incorruptibles. Sin embargo, la buena noticia es que el Espíritu Santo tiene el poder para desactivar esa naturaleza, para que la bomba esté inactiva y descodificada. Y si se quiere activar de nuevo, el TEDAX la bloqueará una vez más.

¿Cómo puedo fortalecer al TEDAX dentro de mí?

Pablo, inspirado por el Espíritu Santo, nos da la respuesta:

> Por lo tanto, ya no hay condenación para los que pertenecen a Cristo Jesús; y porque ustedes pertenecen a él, el poder del Espíritu que da vida los ha libertado del poder del pecado, que lleva a la muerte. (Romanos 8:1-2, NTV)

Lo primero que hay que tener en cuenta es que debemos ser de Cristo, pues al pertenecerle ya no seremos condenados por nuestros pecados pasados, presentes y futuros. Lo segundo es que cuando ya somos suyos, Él nos da su Espíritu y su poder, que nos vivifica y nos hace libres del poder del pecado. La versión Reina Valera 1960 lo amplía un poco más y nos ofrece un detalle que la Nueva Traducción Viviente no menciona:

> Ahora, pues, ninguna condenación hay para los que están en Cristo Jesús, los que *no andan conforme a la carne*, sino conforme al Espíritu. Porque la ley del Espíritu de vida en Cristo Jesús me ha librado de la ley del pecado y de la muerte. (Romanos 8:1-2, énfasis añadido)

Es decir, esto aplica para aquellos que, por cuanto le pertenecen a Dios, caminan conforme al Espíritu; o sea, se dejan *gobernar* por Él. Esa es la clave: dejarse gobernar por el Espíritu Santo. De esa forma, cuando la bomba de tiempo que tenemos dentro se quiera activar y causar destrucción, podremos someter esas pasiones al gobierno del Espíritu Santo.

Recuerda esto, si has nacido de nuevo, el Espíritu Santo vive en ti y te ayudará como ese agente único que sabe lo que hace en tu interior. Él es el que forma a ese hombre interior, fuerte y sólido, que mientras más crece en Cristo, menos se deja dominar y someter por su naturaleza pecaminosa.

Quiero ilustrarte esto con un ejemplo. Uno de mis superhéroes favoritos de ciencia ficción es Iron Man. En una de sus primeras películas muestran su origen como superhéroe: estando en el Medio Oriente es herido de muerte, por lo que se somete a un proceso inventivo que lo lleva a ser un humano con habilidades únicas. Es entonces cuando despierta con un corazón nuevo, un dispositivo en el pecho de donde obtiene toda su energía y su poder, y termina siendo un humano con superpoderes que se mantiene frágil a menos que use su traje de superhéroe. Solo entonces puede realizar hazañas extraordinarias.

Cada vez que este personaje llegaba de una misión, incluso si llegaba destrozado, inmediatamente se enfocaba en operarse a sí mismo, reforzar su armamento y mejorar su sistema de metal moderno para que en la próxima misión tuviera buenos resultados. Si él no hubiera tenido ese enfoque centrado en perfeccionar su sistema y mecanismo, no habría podido ejercer las misiones que logró llevar a cabo.

De la misma forma sucede con nosotros. Si nos enfocamos solamente en alimentar nuestra carne y conectamos más y más cables a esa bomba de tiempo que es nuestra naturaleza pecaminosa en vez de reforzar y mejorar nuestra relación con Dios, nunca haremos crecer ese hombre interior. El apóstol Pablo nos lo dice de esta manera:

> Por tanto, no desmayamos; antes aunque este nuestro hombre exterior se va desgastando, el interior no obstante se renueva de día en día. (2 Corintios 4:16)

El Espíritu de Dios es el que implanta en nosotros ese hombre interior. Nuestro espíritu, vivificado y fortalecido por el Espíritu de Dios en nosotros, es ese «Iron Man» que necesita ser cultivado y fortalecido para que el hombre viejo —que por muy viejo que sea no se quiere morir— pueda estar sometido al nuevo sistema de codificación espiritual que nos hace más fuertes y vencedores en Cristo.

Desactiva la bomba

Antes de ir a la trinchera te daré algunas herramientas más para debilitar esa bomba de tiempo llamada *pasiones inmorales*.

Una de las áreas más difíciles de someter a Dios es nuestra sexualidad. No es secreto para nadie las batallas internas y silenciosas que muchísimos libramos constantemente en esta área; sin embargo, son aquellas que más callamos. Por ejemplo, es fácil confesarlo cuando estamos desanimados o tristes. Es normal en un grupo de amistades pedir oración porque estamos enfermos, o porque nos sentimos atribulados con problemas, situaciones familiares o dificultades económicas. Sin embargo, no es común que alguien diga: «Oren por mí, porque estoy cometiendo adulterio», o «Me estoy acostando con mi novia», o «Estoy viendo pornografía todas las noches». Eso no es normal, pues esos pecados ocurren en lo oculto. Por tal motivo, mi intención con este libro es darte herramientas para obtener la victoria en esas batallas secretas que estás librando. Y esta área de la sexualidad es clave para tu desarrollo y crecimiento integral, así como para que puedas alcanzar las promesas de Dios para tu vida.

Con el fin de ayudarte de una manera práctica, veamos algunas cosas que influyen negativamente en el área de la sexualidad, considerando por qué y cómo caemos, y también cómo levantarnos. Ten en cuenta que si estamos sometidos a la naturaleza de Dios en Cristo, podremos ver cada aspecto de esta lista desde la perspectiva correcta. Empecemos:

Soledad

La forma en que administremos el tiempo a solas resulta clave tanto para nuestro desarrollo, como para nuestra destrucción. Te mostraré dos ejemplos de personas que administraron su soledad de diferentes formas: una, dejándose llevar por sus pasiones; y la otra de la manera correcta, sometida a la naturaleza divina.

LA FORMA EN QUE ADMINISTREMOS EL TIEMPO A SOLAS RESULTA CLAVE TANTO PARA NUESTRO DESARROLLO, COMO PARA NUESTRA DESTRUCCIÓN.

Veamos el primer ejemplo: el caso de David.

> Aconteció al año siguiente, en el tiempo que salen los reyes a la guerra, que David envió a Joab, y con él a sus siervos y a todo Israel, y destruyeron a los amonitas, y sitiaron a Rabá; pero David se quedó en Jerusalén. (2 Samuel 11:1)

En efecto, David estaba en un momento de su vida en el que había conquistado ciudades y logrado casi todo. Sin embargo, como dicen las Escrituras: «Más vale el dominio propio que conquistar ciudades» (Proverbios 16:32, NVI). Él era un hombre dinámico y diligente para la guerra, acostumbrado desde joven a guerrear, feroz, ágil, responsable. No obstante, con el pasar de los años había entrado en «modo relax». Resulta interesante ver que el texto dice que era el tiempo en que *los reyes salían a la guerra*, es decir, David como rey tenía la responsabilidad de ir a la batalla, pero decidió quedarse solo en su palacio.

Quiero destacar que aquí se unieron dos factores: la ociosidad y la falta de responsabilidad. Y lo enfatizo porque cuando una persona deja de ser responsable, enfocada y productiva, acostándose en la cama de la comodidad y el lecho de la ociosidad, su caída se empieza a manifestar. Si alguien cae en la pornografía no lo hace de afán, sino buscando y viendo con calma, dejando pasar los minutos y las horas, y allí, en esa cama de ociosidad, empieza la caída.

CUANDO UNA PERSONA DEJA DE SER RESPONSABLE, ENFOCADA Y PRODUCTIVA, ACOSTÁNDOSE EN LA CAMA DE LA COMODIDAD Y EL LECHO DE LA OCIOSIDAD, SU CAÍDA SE EMPIEZA A MANIFESTAR.

Sin embargo, presta atención a esto: la ociosidad nace en lo íntimo, pero la responsabilidad también. La ociosidad y la responsabilidad se gestan ambas en la soledad. En otras palabras, el que está enfocado y es responsable cuida su vida íntima y hace de sus momentos de soledad un tiempo productivo, aun cuando esté descansando.

A muchas personas les cuesta estar solos porque no han hecho de la soledad un aliado para crecer, sino para esconderse en la cueva del pecado o la depresión. Pero déjame decirte algo: la soledad no es mala, lo que es malo son los hábitos destructivos que practicamos en nuestra soledad. Tu fracaso o tu éxito son determinados por lo que ocurre en tu soledad. Por ejemplo, este libro es el resultado de un momento responsable en mi soledad, y hoy lo estás leyendo porque elegí la productividad y la responsabilidad antes que la ociosidad.

David mandó a sus generales a pelear y él se quedó solo en su lecho de ociosidad. Me imagino que pensó: «Hoy no iré a la guerra.

QUE LA BOMBA NO EXPLOTE

Ya he peleado muchas batallas, conquistado muchos reinos y sometido a muchos reyes. Me merezco un descanso». ¡Y claro que merecemos descanso! El problema no es ese. El problema surge cuando nos vamos alejando de Dios y esas pausas, en vez de convertirse en una oportunidad para descansar en Él, se convierten en un escape para nuestra propia destrucción.

LA SOLEDAD NO ES MALA, LO QUE ES MALO SON LOS HÁBITOS DESTRUCTIVOS QUE PRACTICAMOS EN NUESTRA SOLEDAD. TU FRACASO O TU ÉXITO SON DETERMINADOS POR LO QUE OCURRE EN TU SOLEDAD.

Así que David se empieza a pasear por su palacio real y en su soledad es atraído por una mujer hermosa llamada Betsabé. Ya muchos conocemos la historia y lo que pasó después, pero si no lo sabes, lee todo el capítulo 11 de 2 Samuel.

David cayó por quedarse en el lecho de la ociosidad y no administrar bien su soledad, pero Jesucristo nos muestra un claro ejemplo de lo que es ser productivo en la soledad.

Segundo ejemplo: el caso de Jesús.

> Y luego el Espíritu le impulsó al desierto. Y estuvo allí en el desierto cuarenta días, y era tentado por Satanás, y estaba con las fieras; y los ángeles le servían. (Marcos 1:12-13)

Jesús acababa de tener una experiencia pública. Muchos vieron cómo el cielo se abrió sobre Él, el Espíritu Santo descendió en forma de paloma, y se escuchó la voz de aprobación del Padre, pero seguidamente fue llevado por el Espíritu al desierto para ser tentado por Satanás a solas.

A diferencia de David, Jesús no estaba en un palacio, se encontraba en el desierto; no estaba en una cama de oro, se hallaba rodeado de animales salvajes. ¡Imagínate ese panorama de ayuno y oración! Por lo menos yo, si tuviera que escoger un sitio para ayunar por varios días, elegiría un lugar tranquilo, con una naturaleza espectacular y un paisaje hermoso. Pero nuestro Señor no fue llevado a un sitio así, fue impulsado al desierto, a un lugar en el que nadie quisiera ayunar. Allí, en esa incomodidad, después de cuarenta días sin comer, Jesús fue tentado por una necesidad obvia como lo es la comida. Sin embargo, en medio de su soledad su relación con el Padre y el Espíritu se fortaleció tanto, que pudo vencer a Satanás. Lee esto con atención: al enemigo no le importa qué tanto hacemos en público; él siempre nos estará esperando en lo privado.

Tengamos muy presente que somos responsables de la administración de nuestra soledad. Te animo a que en tu soledad crees los momentos más lindos y poderosos de tu vida con el Señor, buscándolo, alimentando tu espíritu con la Palabra y gestando los sueños de Dios para ti que bendecirán a otros.

Exceso de confianza

Si existe un principio clave para guardar nuestra sexualidad, es la prudencia. Veamos el caso de Sansón:

> Y aconteció que, presionándole ella cada día con sus palabras e importunándole, su alma fue reducida a mortal

angustia. Le descubrió, pues, todo su corazón, y le dijo: Nunca a mi cabeza llegó navaja; porque soy nazareo de Dios desde el vientre de mi madre. Si fuere rapado, mi fuerza se apartará de mí, y me debilitaré y seré como todos los hombres. (Jueces 16:16-17)

Resulta interesante ver que aunque Sansón jugaba con la sensualidad al igual que Dalila, ella usó una estrategia que muchos emplean hoy para acostarse con otras personas: ganar su corazón. En esto especialmente caen muchas mujeres, pues ellas ofrecen sexo para encontrar amor. El problema central con Sansón fue que él le descubrió su corazón.

CUANDO EL CORAZÓN ESTÁ ENREDADO, TODO LO DEMÁS SE ENREDA.

Los excesos son malísimos y tarde o temprano destruyen. En este caso, el exceso fue de confianza, a tal punto que Sansón le confesó a Dalila el secreto de su unción. Y luego de descubrirle su corazón, perdió su fuerza. Por eso mi consejo es que no le descubras el corazón a todo el mundo o a cualquiera. Recuerda que lo más valioso es tu corazón. «Sobre toda cosa guardada, guarda tu corazón; porque de él mana la vida» (Proverbios 4:23). Me llama la atención que Salomón no hable de guardar la sexualidad, sino el corazón. Esto es porque cuando el corazón está enredado, todo lo demás se enreda.

Si tienes que abrirle el corazón a alguien, hazlo con alguien que sea de tu mismo sexo y más maduro que tú en la fe. Si eres casado o casada, no tengas amistades profundas con otra persona que no sea tu cónyuge ni con personas del sexo opuesto. No puedes estar chateando con alguien abriéndole tu corazón y contándole conflictos personales. Para eso tienes a tu esposa o esposo, y tienes a tus pastores, líderes espirituales y mentores.

Exceso de contacto

> Y ella hizo que él se durmiese sobre sus rodillas, y llamó a un hombre, quien le rapó las siete guedejas de su cabeza; y ella comenzó a afligirlo, pues su fuerza se apartó de él. (Jueces 16:19)

Aunque para algunos tener la cabeza sobre las rodillas de alguien no parezca nada grave, en la situación de Sansón sí lo era, porque estaba a punto de perder su cabello, que era la señal de su unción. ¿Qué me lleva a pensar esto? Que muchas veces los contactos físicos pequeños y tontos con alguien que ya te está «moviendo el piso» pueden ser una puerta abierta para tu destrucción, pueden ser el detonador y el control remoto para que esa bomba explote y todo salga volando en mil pedazos.

Tengamos cuidado de cómo saludamos a las demás personas, especialmente a las del sexo opuesto. *Hombre*: es preferible pasar por frío y distante a quedar como un abusivo y manilargo. Si una mujer es mayor, debemos verla como nuestra madre; si es contemporánea con nosotros o de nuestra edad, considerarla como nuestra hermana; y si es menor que nosotros, como nuestra hermana menor o hija. Cuando hay pureza, el cariño y el afecto son manifestaciones del amor de Cristo, no de pasiones bajas disfrazadas de amabilidad. *Mujer*: tú eres como un campo hermoso que debe estar cercado por todas partes y con un letrero grande en la mitad que diga «propiedad privada»; es decir, «este lote no está disponible». Tú misma eres quien debes poner los límites en tu cuerpo y tu corazón.

Para vencer los excesos, el dominio propio resulta clave. El dominio propio es la capacidad de tener autocontrol, no con nuestras fuerzas, porque eso es más fuerza de voluntad, sino por medio de la obra del Espíritu Santo en nosotros. ¿Te has preguntado alguna vez por qué necesitamos tener dominio propio? Porque el dominio propio es el que sujetará a ese gigante dentro de nosotros, el que desactivará los artefactos explosivos.

 Una mente carnal

> Fue Sansón a Gaza, y vio allí a una mujer ramera, y se llegó a ella. (Jueces 16:1, NTV)

Dondequiera que iba Sansón, la carnalidad iba con él, porque tenía una mente carnal y lujuriosa; es decir, Sansón era un hombre que se veía arrastrado fácilmente por sus pasiones. Por esa razón, cuando Jesucristo nos habló de la sexualidad, no nos habló de la cama, sino de la mente y el corazón, porque la sexualidad limpia o sucia empieza en la mente. La Palabra de Dios nos recuerda esto:

> Todas las cosas son puras para los puros, mas para los corrompidos e incrédulos nada les es puro. (Tito 1:15)

 Aventura

Resulta aleccionador que la Escritura mencione la aventura que Sansón tenía con Dalila al engañarla varias veces, «jugando» con ella acerca del secreto de su fuerza (Jueces 16:5-14). Él pensaba que estaba jugando con Dalila, pero la realidad es que el enemigo ya estaba jugueteando con él y lo tenía en sus manos. Eso les sucede a aquellos que son aventureros con respecto al pecado. Estas personas piensan: «Es solo un juego, no es en serio», «Es solo una canción», «Es solo un texto», «Es solo un encuentro»; pero quiero que sepas que no caemos cuando ponemos la cabeza en la rodilla de Dalila, caemos cuando empezamos a aventurar con el pecado. La bomba empieza con el conteo cuando iniciamos con las «cosas pequeñas» que abren la puerta a la lujuria.

Lujuria

> Baste ya el tiempo pasado para haber hecho lo que agrada a los gentiles, andando en lascivias, concupiscencias, embriagueces, orgías, disipación y abominables idolatrías. (1 Pedro 4:3)

La palabra «lujuria» se refiere a deseos y pasiones sucias y prohibidas. La lujuria es lo que alimenta el adulterio, la fornicación, la pornografía, las violaciones, los incestos, el homosexualismo y todo lo demás. Y aquí quiero hacer una aclaración muy fuerte: muchos critican y juzgan a otros por pecados sexuales como la violación, la homosexualidad, el incesto o la pedofilia (que ciertamente son aberrantes delante de Dios), pero ignoran que los que practican la fornicación, el adulterio o la pornografía son parte de la misma familia, porque todos esos pecados provienen de la misma raíz, la lujuria, que es la que lleva a ese tipo de desenfrenos. Toma nota de este dato importante: los que consumen pornografía son los primeros patrocinadores de la prostitución infantil, por eso es clave que matemos todo asomo de lujuria. Esa es la razón por la que Pedro nos dice con vehemencia: «Baste ya».

Tal vez alguien que esté leyendo estas páginas tenga que decir: «¡Basta ya! No le daré más poder a esta bomba que ha explotado dentro de mí, destruyendo en mil pedazos mi propósito, llamado, productividad y familia. No alimentaré más esta bomba de tiempo, sino que con la ayuda del Espíritu Santo la dejaré inactiva».

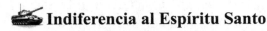 Indiferencia al Espíritu Santo

Sansón le dijo a su padre:

—¡Consíguemela! A mí me gusta ella. (Jueces 14:3, NTV)

En varias ocasiones Sansón fue llamado a corregirse, pero su reacción siempre fue reacia y obstinada, y aunque Dios usó eso para actuar contra los filisteos, no quita el hecho de que Sansón tenía una inclinación voluntariosa.

Haciendo una comparación entre David y Sansón, vemos que David cayó más hondo, su pecado fue muy grave, porque asesinó a un inocente, su hombre de confianza, con el fin de quedarse con su esposa. Sin embargo, cuando Natán vino a corregirlo de parte de Dios (2 Samuel 12), se humilló y se arrepintió, y aunque pagó las consecuencias, Dios lo levantó más fuerte después de su caída. Por su parte, Sansón al final se arrepintió también, pero murió en el mismo instante; por tanto, podemos deducir que veremos a Sansón en el cielo, pero su propósito en la tierra no alcanzó su plenitud.

Lidiando con las consecuencias

Aunque Dios perdona nuestros pecados, estos tienen consecuencias, especialmente los pecados morales, que son fulminantes y dejan consecuencias para siempre. Sansón perdió sus ojos y fue la burla de los filisteos.

> Así que los filisteos lo capturaron y le sacaron los ojos. Se lo llevaron a Gaza, donde lo ataron con cadenas de bronce y lo obligaron a moler grano en la prisión. (Jueces 16:21, NTV)

En el caso de David el dolor fue más profundo. El niño que fuera fruto de su adulterio con Betsabé, murió (2 Samuel 12:14);

además, su hija Tamar fue violada por su hijo Amnón (2 Samuel 13) y otro hijo, Absalón, se vengó matando a su propio hermano (2 Samuel 13).

Sin embargo, Dios fue misericordioso y se acordó de Sansón.

> Entonces Sansón oró al Señor: «Señor Soberano, acuérdate de mí otra vez. Oh Dios, te ruego que me fortalezcas solo una vez más. Con un solo golpe, déjame vengarme de los filisteos por la pérdida de mis dos ojos». (Jueces 16:28, NTV)

Dios también le dio la oportunidad a David de levantarse otra vez enviando al profeta Natán a enfrentarlo (2 Samuel 12). Cuando Dios nos confronta y nos corrige, nos está mostrando su misericordia. Aunque al principio duela y sea vergonzoso, después veremos el fruto del amor y la misericordia de Dios que nos lleva al arrepentimiento.

Termino esta parte del armario diciéndote que el arma de la misericordia de Dios es más poderosa que nuestro pecado. Abraza su misericordia.

Vamos a la trinchera

Para este ejercicio es necesario practicar algo en privado y luego con tu grupo o compañero de trinchera.

En privado:

1. Haz una lista de los hábitos (buenos o malos) que tienes cuando estás solo y el tiempo diario o semanal que inviertes en ellos.
2. Suma ese tiempo.
3. Analiza los resultados que estos hábitos están trayendo a tu vida.
4. Indica cuáles hábitos tienes que dejar radicalmente y a cuáles tienes que dedicarles menos horas paulatinamente.
5. Escribe un plan de reemplazo de hábitos. Por ejemplo: lectura en vez de redes, gimnasio en vez de recostarse en la cama. Incluye un tiempo devocional a primera hora de la mañana o en la última hora de la noche.

Con la trinchera:

Si sientes la libertad de expresarte e interactuar con tus respuestas, te animo a que lo hagas.

1. Compartan qué hábitos en su soledad les han ayudado a ser mejores.
2. Compartan lo que Dios les enseñó en este capítulo acerca de cómo vencer la inmoralidad sexual.

> **Importante:** ¡No prosigas al siguiente campo de batalla antes de pasar por la trinchera!

CAPÍTULO OCHO

CORRE, FORREST, CORRE

Hemos pasado por el campo de batalla de nuestro cuerpo en el área moral, pero no podemos desconectarnos de la realidad de que somos la casa de Dios, por lo que nuestro cuerpo no solo se debe santificar, sino también cuidar para que se mantenga saludable.

No sé si recuerdas la épica y brillante película *Forrest Gump*, protagonizada por el gran actor Tom Hanks. El filme empieza en una parada de autobús, cuando Forrest comienza a relatar la historia de su vida a las personas que se sientan junto a él en ese banco. El protagonista tenía una leve discapacidad intelectual y cuando niño tuvo que usar aparatos ortopédicos a causa de sus problemas de motricidad en las piernas. Él caminaba con dificultad, lo cual provocaba que los chicos del barrio lo rechazaran y se burlaran de él. Todos, excepto Jenny, quien se convertiría en su mejor amiga y gran amor.

Mientras él continúa narrando su infancia, vemos una escena que resulta realmente conmovedora. En cierta ocasión cuando Forrest caminaba torpemente junto a Jenny, unos chicos comienzan a molestarlo, tirarle piedras y hacerlo caer. En ese momento, Jenny ve el peligro y lo incita a correr con una frase que se quedó grabada en los corazones de quienes hemos visto la película. Ella le grita: «¡Corre, Forrest, corre!». Él, al escuchar la voz de su chica, saca fuerzas de donde no tiene y hace algo que nunca había hecho: empieza a correr de una manera tan increíble que los aparatos ortopédicos se rompen. Desde ese momento en adelante, Forrest se convierte en un gran corredor, alcanzando muchos triunfos que se muestran en el resto de la película.

Nunca borraré esa escena de mi mente, la conservaré por el resto de mi vida, porque me deja dos enseñanzas:

> La primera es que nada resulta imposible para aquellos que escuchamos la voz de nuestro Dios. Más de una vez he podido oírle decir: «¡Corre, David, corre! ¡Vamos! ¡Traspasa tus límites!», y eso me ha llevado a alcanzar metas que no pensaba que podría alcanzar.

> La segunda es que desde que Forrest descubrió su potencial físico, empezó a correr. Desde niño corrió, corrió y corrió. En su juventud se convirtió en un gran atleta, el más rápido de su equipo universitario. Luego llegó a las Olimpiadas siendo el más veloz, e incluso en la guerra su habilidad lo llevó a salvar vidas. Su capacidad tuvo tal impacto que recorrió los Estados Unidos corriendo e inspiró a muchos a seguirlo.

Esta película nos permite aprender sobre la importancia de mantenernos fuertes y cuidar nuestro cuerpo para nuestro bienestar y el de otros. Para mí, el grito de «¡Corre, David, corre!», representa un reto para cuidarme y correr como un buen atleta, no solo en lo espiritual, sino también en lo físico. Tengo que estar listo para correr a lo que Dios me ha llamado a hacer y mi buena salud es un aliado para llegar ahí.

A mi mente viene un buen número de personas que eran tremendamente talentosas, con unas capacidades excepcionales y una carrera brillante y longeva, pero que dejaron de correr; ya no tuvieron fuerzas ni salud para cumplir a cabalidad su misión. Probablemente pensaron que el cuerpo, la salud, el buen estado físico, el ejercicio y la sana alimentación no eran importantes, sino que lo único relevante era el llamado y la misión que tenían que cumplir, porque «de lo demás se encarga Dios». Así, muchos de ellos se fueron antes de esta tierra simplemente porque no se cuidaron.

Esto me lleva a hacerme ciertas preguntas. ¿Cuántos libros más se hubieran escrito? ¿Cuántos edificios más se hubieran construido? ¿Cuántos proyectos sociales y misioneros se hubieran llevado a cabo? ¿Cuántas iglesias se habrían plantado? ¿Cuántas películas, series de televisión, proyectos y diseños creativos se hubieran llevado a cabo si tan solo se hubiera tenido esa consciencia de que el cuerpo es casa de Dios?

NUESTRA TAREA DIARIA, DESPUÉS DE DARLE A DIOS EL PRIMER LUGAR EN NUESTRA VIDA, ES TRABAJAR PERMANENTEMENTE EN EL BIENESTAR DE CADA ASPECTO DE ELLA.

En el mundo cristiano hemos llegado a estigmatizar y casi a condenar el cuidado del cuerpo, y por ende, el cuidado de la salud, alegando que este es solo un reflejo de lo que llevamos dentro.

Quiero que reflexiones en esto: muchos critican el cuidado del cuerpo, pero al mismo tiempo quieren estar sanos. Esto es como tener un auto en mal estado y criticar a los que tienen uno bueno; pero no solo eso, sino también anhelar el auto de la persona que estamos criticando. Es decir, muchos criticamos el cuidado que otros tienen de su cuerpo y su salud, pero al mismo tiempo queremos tener la salud que ellos tienen.

Dios no quiere que nos entretengamos tanto con la belleza exterior, pero desea que cuidemos esa casa, su casa, que es donde Él vive. De eso habla la Escritura cuando afirma que nuestro «cuerpo es templo del Espíritu Santo» (1 Corintios 6:19). Cuando cuidamos nuestro cuerpo sana e integralmente, no solo nos cuidamos a nosotros mismos, sino que honramos a Dios y reflejamos nuestra devoción a Él.

Nuestra tarea diaria, después de darle a Dios el primer lugar en nuestra vida, es trabajar permanentemente en el bienestar de cada aspecto de ella. De esto se ha tratado este libro, de llevarte en cada capítulo, que ha sido representado por campos de batalla, a alcanzar la victoria en todas las áreas.

En este capítulo en particular nos enfocaremos en el cuidado del cuerpo, lo cual corresponde a nuestra área física, pues como he mencionado anteriormente, somos casa de Dios. El apóstol Pablo dijo:

> ¿No sabéis que sois templo de Dios, y que el Espíritu de Dios mora en vosotros? [...] el templo de Dios, el cual sois vosotros, santo es. (1 Corintios 3:16-17)

Tu cuerpo no es solo el lugar donde vive temporalmente tu espíritu, sino que es la habitación y morada del Espíritu Santo. Por tanto, del mismo modo en que tratas con respeto a los templos, debes tratar con respeto a tu cuerpo. Velar por el bienestar de nuestro cuerpo y nuestra salud es una decisión y una responsabilidad personal.

La Palabra de Dios señala:

> La vida de los hombres buenos brilla como la luz de la mañana: va siendo más y más brillante hasta que alcanza todo su esplendor. (Proverbios 4:18, TLA)

Como personas buenas, sabias y sensatas, debemos tener presente que todo el trabajo bueno que hagamos en y por nosotros se reflejará incluso en la manera en que administremos nuestra salud y nuestro cuerpo.

El gran sabio Salomón hace una exhortación muy seria:

Mantengan un cuerpo sano. (Eclesiastés 11:10, NTV)

Quiero recordarte que mantener un cuerpo integralmente sano —en lo espiritual, moral y físico— es nuestra responsabilidad.

Dios nos dio la capacidad de tomar decisiones, hemos sido creados con una libre voluntad. Esto se conoce bíblicamente como el libre albedrío, que es la capacidad de elegir entre lo que nos instruye y suma, o lo que nos destruye y resta. En otras palabras, el libre albedrío es el derecho de escoger entre el bien y el mal, de actuar según nuestra voluntad, convirtiendo nuestras acciones diarias en una realidad en nuestra vida.

El anhelo de nuestro Padre celestial es que todas nuestras obras sean buenas. Aplicado al cuidado de nuestro cuerpo, el anhelo y la voluntad de Dios no es que estemos llenos de achaques, enfermos y viviendo una vida física en la mediocridad, sino que estemos fuertes, sanos y seamos ejemplo de un buen cuidado corporal. Recuerda que las personas nos miran antes de escucharnos.

Debemos tener presente que todo aquello que repetimos a diario se convierte en realidad. Es por eso que debemos pensar en qué beneficios o consecuencias traerá todo lo que hagamos por nosotros mismos.

Hablando del cuidado del cuerpo, ¿sabías que el único lugar que tiene nuestra alma para habitar en esta tierra es nuestro cuerpo?

Reflexionando en esto, me surge una pregunta: ¿qué tan necesario crees que deba ser entonces que lo tratemos adecuadamente?

Al ir en busca de ese bienestar, nos encontraremos con distintos adversarios que obstaculizarán y harán todo lo posible para impedir que podamos cumplir con nuestro objetivo. Es importante conocerlos e identificarlos, porque es con ellos que luchamos día a día. ¿Quieres saber cuáles son? Hay demasiados adversarios que evitarán que cuides de ti, pero en este capítulo nos enfocaremos en uno de los más comunes.

El peligro de la hamaca y el ataque del flojón

En todo campamento siempre hay una zona de descanso, y en muchos lugares colocan en ellas hamacas para que las personas puedan descansar. En lo personal, me encantan las hamacas, son increíbles en una buena tarde de descanso, sobre todo si hay un clima agradable. Sin embargo, tengo algunos recuerdos en mi mente que ilustran cuál es el peligro de la hamaca.

Cuando era niño, con frecuencia íbamos a visitar a mis tíos en los llanos de Colombia, en el departamento de Casanare. Ellos habían colocado muchas hamacas, en las cuales varios amigos y vecinos de la familia se recostaban. Con su cerveza en la mano, empezaban a tomar y ahí se quedaban horas y horas, a tal punto que muchos empezaron a enfermarse por su vida sedentaria. Para muchos de ellos la tendencia, más que descansar, era perecer.

Con esto quiero aclarar que no se trata de que la hamaca sea mala, porque como hablamos de una hamaca, podemos hablar del sofá o la cama, lo malo es abusar del descanso y sumirnos en una cultura de dejadez, falta de cuidado y ociosidad que se alimenta de la *pereza*.

La pereza es conocida como uno de los pecados que Dios más aborrece y se define como negligencia o una actitud que impide realizar las cosas que están pendientes de hacer. Si dejamos entrar a este adversario llamado pereza, él se encargará de llenar nuestra mente de falsos argumentos para evitar el cuidado y el bienestar de nuestro templo. Al despertar cada día, debemos estar listos y equipados para resistir el «ataque del flojón».

 ¿Cómo nos ataca este adversario?

Primeramente, llegando a nuestra mente con pensamientos opuestos a la voluntad de Dios. Podemos identificarlos porque son pensamientos que destruyen y no edifican; pensamientos que conllevan desánimo, pasividad, excusas y finalmente, en el punto máximo de la negligencia, conducen a la ley del mínimo esfuerzo.

La pereza tiene varios aliados que te quiero presentar:

> **Las falacias:** Son esas «fábulas o cuentos de hadas» que se introducen en nuestra mente y nos distraen y desenfocan de la disciplina. El perezoso solo imagina cosas, pero no alcanza nada.

> **La ociosidad:** Esto no es otra cosa que perder el tiempo en cosas que no suman, sino que restan; que no edifican, sino que destruyen; que no nos forman, sino que nos deforman y nos ponen en una zona de alta improductividad y finalmente de letargo, enfermedad emocional y hasta física. He visto el daño que causa la ociosidad a personas, hogares, organizaciones y naciones.

> **La falta de disciplina:** La pereza, nunca, nunca, estará a favor de la disciplina. Lo más interesante es que muchas veces la pereza se disfraza de buena haciéndonos ver que

merecemos un descanso en el sofá, o una tregua en nuestra alimentación saludable, o una pausa en la rutina de ejercicios, pero en realidad la pereza es una arma del enemigo para destruir.

Satanás ama vernos desanimados, dudosos, sin esperanza, con baja autoestima, perdiendo el tiempo, desenfocados, destruidos, desorbitados, sin rumbo, sin planes, sin objetivos y sin valor alguno. En resumidas cuentas, Satanás nos quiere totalmente apáticos al plan que Dios tiene para cada uno de nosotros.

UNA PERSONA QUE NO CUIDE SU CUERPO POR PEREZA A MEJORAR SUS HÁBITOS ES UNA PERSONA DESTINADA A LAS DOLENCIAS Y LA ENFERMEDAD.

A él no le conviene que ningún ser humano esté enfocado, feliz y cumpliendo su propósito de vida. Es por eso que el primer blanco de ataque del flojón es nuestra mente. Después de dejar que flojón se instaure en nuestra mente, le damos paso a la destrucción de nuestros sueños, planes, esperanza, visión y proyectos.

Una persona que no cuide su cuerpo por pereza a mejorar sus hábitos es una persona destinada a las dolencias y la enfermedad. ¿Cuántas dolencias y enfermedades llegan por la falta de diligencia?

¿Qué dice la Palabra de Dios acerca de la pereza?

En especial el libro de Proverbios está lleno de sabiduría concerniente a la pereza y de advertencias para la persona perezosa.

El perezoso dice: «No puedo ir a trabajar ahora porque afuera hay un león y puede matarme». La puerta gira sobre sus bisagras, el perezoso gira sobre su cama. El perezoso mete la mano en el plato, pero le da pereza hasta llevarse un bocado a la boca. El perezoso cree que es más sabio que siete sabios capaces de aconsejar. (Proverbios 26:13-16, PDT)

El alma del perezoso desea, y nada alcanza; más el alma de los diligentes será prosperada. (Proverbios 13:4)

La mano de los diligentes señoreará; más la negligencia será tributaria. (Proverbios 12:24)

No debe haber lugar para la pereza en la vida de un cristiano. Si bien la pereza es un estilo de vida para algunos, es también una tentación para todos. Por esto debemos vencer a diario el ataque del enemigo, siendo intencionales en la búsqueda de bienestar para cada área de nuestras vidas. Y en este caso específico, el flojón atenta contra la salud y evita el cuidado diligente y a tiempo de nuestro cuerpo. Sin embargo, la gran noticia es que Dios tiene una recompensa para los que vencemos a este enemigo.

Te invito a descubrir las armas que tenemos en Cristo para vencer al flojón y saltar de la hamaca.

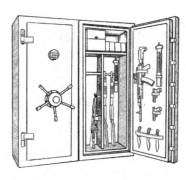

Vamos al armario

La corneta

En la milicia se usa la corneta para convocar y despertar a los soldados. ¡Qué bueno es tener a alguien que toque la corneta bien fuerte para despertarnos del sueño, saltar de la hamaca y vencer al flojón!

Lo hermoso de este llamado que Dios nos hace es que no está basado en el juicio, el regaño o la ofensa, sino en el amor y el cuidado. El amor que le demos a nuestro cuerpo, que es la casa de Dios, está ligado al valor que nos damos a nosotros mismos. Es por eso que el sonido fuerte de trompeta que emite lo que estás leyendo en este capítulo, que posiblemente te incomode, tiene como fin afirmar en ti la identidad de quién eres y a partir de ahí construir una vida saludable y firme en todas las áreas. Espero que lo que has leído hasta ahora te ayude a despertar y te sirva para ser más intencional.

Una persona que conoce su valor en Cristo cuida, ama y protege cada área de su vida, pues se ve como Dios la ve. Por eso, lo primero que debes saber es quién eres para Dios.

> Eres su especial tesoro (Malaquías 3:17)
> Eres hermoso/a (Génesis 1:27)
> Eres amado/a (Juan 3:16)
> Eres valioso/a (Mateo 10:31)
> Eres escogido/a (Juan 15:16; 1 Tesalonicenses 1:4)
> Eres especial (Jeremías 31:3)
> Eres una creación admirable de Dios (Salmos 139:14)

A un valiente en Cristo Jesús, que tiene su identidad clara en Dios, Satanás no podrá gobernarlo. Cuando le damos valor a lo que somos en Dios, valoramos todo lo que Él nos da. Le damos valor al tiempo y multiplicamos en bendición todo aquello que nos ha sido entregado.

El reloj

Otra arma que tenemos es la administración correcta de nuestro tiempo. Con el fin de ayudar a los soldados a ser puntuales y cumplir con los horarios establecidos, las bases militares recurren a la instalación de relojes sincronizados y usan un sistema de tiempos cronometrados, lo cual puede proporcionar muchas ventajas como proveer organización y maximizar la eficiencia, permitiendo aprovechar bien el tiempo.

La Palabra de Dios dice: «Hay un tiempo señalado para todo» (Eclesiastés 3:1-8, LBLA). Y dentro del tiempo que se nos entrega diariamente, debemos separar un espacio para ejercitarnos y alimentarnos adecuadamente. Cuidar de nuestro cuerpo es una elección sabia, porque estando fortalecidos espiritual, mental y físicamente debilitaremos al flojón y él no nos debilitará a nosotros. Para esta labor debemos ser intencionales y disciplinados.

El apóstol Pablo nos exhorta:

> Aprovechen bien el tiempo, porque los días son malos. (Efesios 5:16, RVC)

La palabra que se traduce «aprovechen» en este versículo es el término griego *exagorázo*, que significa «redimir el tiempo». Es decir, no es trata solo de no perder el tiempo, sino también de redimirlo, sacarle provecho.

Hay tres tipos de personas: los que *pierden* el tiempo, los que *gastan* el tiempo, y los que *redimen* el tiempo. Los que redimen o sacan provecho de su tiempo son los que lo maximizan. Esto es clave para mantenernos sanos y fuertes físicamente, porque dos horas frente a la tele no van a redimir tu tiempo tanto como una hora corriendo o haciendo ejercicio. Cuando somos intencionales en el uso del tiempo para nuestro cuidado, seremos más eficientes.

Para desarrollar este capítulo y sobre todo las armas sobre las que leerás a continuación, he contado con el apoyo de la doctora María del Mar Cabarcas, quien es una profesional especialista en belleza integral y antienvejecimiento, además de una gran amiga de nuestra familia. Ella, desde su experiencia en el cuidado del cuerpo, nos expone dos armas esenciales.

El jardín (Dra. María del Mar Cabarcas)

Todo militar dispuesto a enfrentarse a una batalla necesita cuidar su alimentación para que su cuerpo esté fortalecido y listo para guerrear. El exigente trabajo de las tropas en misiones de combate requiere un menú rico en proteínas, hidratos, grasas, vitaminas y minerales, que resista altas temperaturas y que, incluso, pueda comerse frío.

Y nosotros no somos la excepción. Como hemos venido aprendiendo a lo largo de este libro, las batallas que enfrentamos a diario exigen que seamos especialmente cuidadosos con la forma en la que nos alimentamos. Esto es el concepto que refuerza la doctora Cabarcas con esta arma llamada «el jardín»:

> Las Escrituras afirman que en el tercer día de la creación, tal como se describe en Génesis 1:11-13, Dios hizo surgir la vida vegetal en la tierra. Él ordenó: «Produzca la tierra hierba, plantas que den semilla y árboles frutales que den fruto según su especie» (v. 11, RVA2015). Y así, obediente a su mandato, la tierra estalló con un abundante despliegue de verdor.
>
> Esta creación de la vida vegetal en el tercer día fue crucial para sentar las bases del sustento y la supervivencia de todos los seres vivos. Los diversos tipos de vida vegetal creados incluían hierbas, pastos y árboles frutales. Estas plantas proporcionaron alimento y nutrición a los animales

y los seres humanos, y desempeñaron un papel vital en el mantenimiento del equilibrio de la naturaleza.

La importancia de este acto de creación es evidente en el hecho de que las plantas han seguido floreciendo en la tierra desde entonces. No solo son una fuente de sustento, sino que también contribuyen a la estética de nuestro entorno. Proporcionan oxígeno, absorben dióxido de carbono y sostienen la intrincada red de vida de nuestro planeta.

La creación de la vida vegetal marca un momento fundamental en la narración bíblica, destacando a un Dios amoroso e intencionado que diseñó y proveyó cuidadosamente para su creación.

Si cada uno de nosotros nos limitáramos a solo comer lo que Dios dejó para alimentarnos, no sufriríamos muchas de las enfermedades que existen hoy en día, pero la mano del hombre ha tergiversado los alimentos que fueron creados por Dios para nuestro bienestar. Los dulces, los fritos, las harinas procesadas, los aceites minerales, entre otros, no han sido creados por Dios y esto nos está matando. Alguien, al leer estas palabras, probablemente dirá: «Esto no es tan espiritual», o «¿Dónde dice eso en la Biblia?», y se cerrará a estos temas, pero déjame darte varios ejemplos bíblicos para afirmar estos conceptos.

- Dios alimentó muy bien al pueblo de Israel en el desierto. En el libro de Éxodo, capítulo 16, vemos que Dios les dio maná de día y codornices de tarde. Piensa en esto: el maná tenía todos los nutrientes necesarios para que Israel estuviera bien alimentado (no lleno, sino alimentado). ¿Sabes la calidad de comida que se necesitaría para vivir durante cuarenta años en el desierto, no solo caminando, sino luchando con enemigos y pasando tiempos duros? Para eso necesitas estar bien alimentado.

- Juan el Bautista, quien también vivió en el desierto, se alimentaba de miel y langostas, y no murió de «langostinitis». Dios nos dio lo necesario para alimentarnos bien.

¿Qué pasaría si cambiáramos los dulces por frutas, los alimentos fritos por los deliciosos vegetales frescos, y las harinas procesadas por los tubérculos? Si comieras aves o peces, tu salud, te aseguro, sería distinta. Dios nos dotó de todo lo necesario para que viviéramos una vida de calidad en esta tierra.

Está comprobado científicamente que nuestro estómago es considerado nuestro segundo cerebro, porque de una alimentación saludable depende también el bienestar de nuestras emociones y pensamientos. ¡Quién lo iba a pensar! ¡Definitivamente, qué bien nos sentimos cuando comemos saludable!

Siento que le estoy cumpliendo a Dios cuidando el cuerpo que Él me entregó, al contrario de cuando elijo para mi cuerpo alimentos que lo destruyen y lo enferman. ¿Has sentido el cargo de conciencia de comer mal? Esto es terrible, porque es un deterioro silencioso y progresivo de nuestro templo.

Recuerdo que conocí a un líder de alabanza, un hombre muy talentoso, músico increíble y que amaba a Dios, pero le gustaba mucho una famosa bebida refrescante. Su dieta por años fue tomarse una botella de un litro de esa bebida acompañada con pan. No duró mucho en producirse una diabetes crítica que se lo llevó antes de tiempo.

Te animo a mejorar sustancialmente la calidad de tu alimentación, porque es de sabios comer bien y en las proporciones adecuadas. Y después de comer bien, hay otra arma importante: «el ejercicio».

El ejercicio

Esta arma resulta básica para cualquier militar. La página *Atleta Táctico* señala: «El entrenamiento militar debe dotar a sus miembros de unas capacidades que les permitan superar con éxito grandes esfuerzos físicos y momentos de adversidad [...] Tu estado de forma como militar debería ser lo más completo posible, pues la capacidad física de la unidad está limitada por sus miembros más débiles».[1] Esto quiere decir que necesitas estar en forma no solo por ti, sino por el bienestar de todos aquellos que libran la batalla contigo o dependen de tus resultados.

Acerca del arma del ejercicio, la doctora Ana María Cabarcas nos dice lo siguiente:

> No es tanto la edad como la inactividad física la que afecta más la capacidad de las personas de hacer las cosas por sí mismas. La falta de actividad física también genera más visitas al médico, más hospitalizaciones y más uso de medicamentos para muchas enfermedades.

> ¿Sabías que el ejercicio contribuye a tu felicidad? Después de la oración, hacer ejercicio es clave para una vida más feliz. ¿Sabes por qué? Porque además de los beneficios físicos y en la salud que obtenemos, el cuarteto de las

hormonas de la felicidad se activa cada vez que nos ejercitamos.

Dios ama que hagamos ejercicio, estemos saludables y luzcamos bien.

Pensemos en algo. ¿Crees que a un padre o una madre le da felicidad o tristeza que sus hijos se cuiden? Felicidad, ¿cierto? Yo me siento feliz cuando veo que mis hijos no dejan entrar basura a sus mentes ni a sus cuerpos. Cuando eso ocurre, podemos ir observando cómo ellos van construyendo su mejor versión, porque hay una conciencia de la importancia del cuidado integral. Lo mismo le pasa a Dios con nosotros.

Recordemos que el cuerpo es el único lugar que tenemos para habitar en esta tierra. Cada día debemos ejercitarnos y sabemos que esto traerá bendición a nuestras vidas.

El cuerpo, al igual que nuestras vidas, se trabaja por áreas. Cada día de la semana debemos dedicarnos a ejercitar un grupo de músculos en específico. Te sugiero algunas rutinas sencillas que pueden ayudarte mucho en tu cuidado físico:[2]

- Lunes: Ejercita brazos y espalda.
- Martes: Glúteos y cardio.
- Miércoles: Pierna, abdomen y cardio.
- Jueves: Brazos, espalda y cardio.
- Viernes: Piernas, glúteos y cardio.
- Sábado: Cardio.
- Domingo: Descanso.

Debemos buscar las estrategias para que nuestros músculos se pongan fuertes. Siempre es recomendable empezar progresivamente en el deporte si no estás acostumbrado, pero poco a poco debemos exigirnos más. La mejor manera de fortalecer nuestros músculos es hacer de tres a cuatro ciclos con repeticiones que vayan de más a menos, pero cada vez con mayor peso. Por ejemplo:

- Primera ronda: 21 repeticiones con un peso de 5 kilos.
- Segunda ronda: 15 repeticiones con un peso de 7 kilos.
- Tercera ronda: 10 repeticiones con un peso de 8 kilos.
- Cuarta ronda: 7 repeticiones con un peso de 10 kilos.

Esto hará que nuestros músculos se estresen, crezcan y se vuelvan fuertes. Y tener músculos fuertes nos garantiza a todos una buena vejez y una excelente salud y calidad de vida.

Si leemos la historia bíblica, podemos notar que anteriormente los seres humanos vivían más tiempo y gozaban de muy buena salud, pero si lo analizamos bien, también notamos que ellos ayunaban, caminaban muchísimo, no usaban pantallas, celulares, tabletas ni computadores, y además se alimentaban de todo lo que venía de la tierra, los peces del mar, las aves y otras especies. Así que en la Biblia está la verdadera fórmula del antienvejecimiento y el cuidado del cuerpo.

Alimentarnos con lo que el Padre nos dejó en la tierra para nuestro sustento, ejercitarnos a diario y estar en la presencia de Dios nos garantiza una maravillosa salud. Jesucristo, nuestro Señor, es un ejemplo a seguir. Él mismo preparó físicamente su cuerpo para poder resistir el gran dolor que soportaría en la cruz por nosotros. Tuvo la fortaleza del Padre, pero se ejercitó para poder estar fuerte con el fin de cumplir su misión; no iba al gimnasio, pero sí recorría aldeas, pueblos y ciudades.

Solo en Dios podremos tener una vida integralmente equilibrada. No un día, sino todos los días de nuestras vidas. Recuerda que todos tenemos las mismas veinticuatro horas de regalo del Padre, así que distribuyámoslas bien.

La sabiduría para ser excelentes administradores de lo que Dios nos entregó proviene de Él, principalmente del tiempo, que es un gran tesoro. Toda esta rutina diaria de bienestar nos da el ánimo, la fortaleza, la confianza y la esperanza de que todo va a estar más que bien en nuestras vidas.

Ten presente que para que este plan de bienestar permanezca, debemos ser muy intencionales diariamente para vencer al flojón y que no haga de las suyas con nosotros. Y para esto es muy importante que permanezcas un tiempo en la trinchera.

Vamos a la trinchera

Nuestro único lugar seguro está en Dios, pues de Él recibimos siempre lo mejor de lo mejor para cada uno de nosotros. Es ahí donde encontramos el equilibrio, la verdadera plenitud, la paz que sobrepasa todo entendimiento, la luz, la guía, la sabiduría, la esperanza y nuestra verdadera identidad. En su presencia reconocemos nuestras faltas y recibimos las estrategias para poder estar cada vez más cerca de la santidad, cumpliendo así el propósito divino.

Nuestra prioridad debe ser mantener una relación constante con el Padre y sus asuntos aquí en la tierra. La única manera de resistir al enemigo es dándole a Dios siempre el primer lugar.

Sin embargo, las personas y actividades de las cuales te rodeas contribuyen a tu bienestar físico y mental. Por tanto, tener amigos que sumen a nuestra vida y nos motiven forma parte del éxito. Esto es clave para animarte a ir por más cada día.

Los estudios demuestran que somos el promedio de las cinco personas con las que más compartimos. Así que elige bien de quien te rodeas. Escoge y sé intencional con aquellas actividades que bendigan tu vida: congresos, prédicas, grupos, retiros, una iglesia de sana doctrina, y procura compartir tus actividades con personas que amen cuidarse en cada área de sus vidas. Esto aportará motivación a esta ardua batalla en busca de tu bienestar integral.

Te dejo esta tarea:

> Únete a uno o dos compañeros y póngase de acuerdo en hacer rutinas deportivas como salir a correr o montar bicicleta (si son de tu mismo equipo de trinchera, mucho mejor). Si eres casado, es una muy buena terapia para hacer en pareja.

> Aprovechen unos minutos para orar juntos.

Estamos en la recta final de esta aventura. Si has atravesado cada campo de batalla, quiero felicitarte porque estoy seguro de que Dios te dará la victoria.

Importante: ¡No avances al siguiente campo de batalla antes de pasar por la trinchera! ¡Allí nos vemos!

CAPÍTULO NUEVE

EL ENEMIGO SILENCIOSO

Hemos vivido una travesía muy poderosa y estoy seguro de que has visto la mano de Dios obrando en tu vida, por eso espero que estés preparado para adentrarte en este nuevo campo de batalla, en el cual te enfrentarás a un enemigo silencioso que no viene a atacarte solo y no es perceptible con nuestros sentidos físicos. Me refiero a las fuerzas espirituales de maldad.

Tengo un amigo retirado del ejército de los Estados Unidos que estuvo en varias guerras en Irak y el Medio Oriente. Él siempre me cuenta historias increíbles, pero en una conversación me habló de la experiencia que vivió al principio de su jornada como soldado. Esto fue lo que me dijo:

> Un soldado siente opresión desde el mismo momento en que comienza su entrenamiento básico. Desde ese primer día empieza un proceso para romper en piezas a ese nuevo recluta y recomponerlo nuevamente, convertido en todo un soldado, una máquina de guerra. Toda esa transformación es avasalladora. Te sientes oprimido las veinticuatro horas del día, los siete días de la semana, porque está diseñada para que al final seas un individuo programado para seguir órdenes e instrucciones, ejecutándolas detalladamente sin cuestionamiento alguno. Durante ese tratamiento te programan para hacerte funcionar bajo altos niveles de presión y estrés sin que se afecte tu rendimiento. El nivel de opresión a lo largo de todo ese proceso es tan alto, que en muchas ocasiones algunos no logran completarlo.

En el transcurso de todo ese entrenamiento también se enfatiza el desarrollo del sentido de pertenencia al grupo (*esprit de corps*, en francés), logrando que todos se apoyen unos a otros para así minimizar esa sensación de opresión. Ese sentimiento de compañerismo, junto al desarrollo de un alto grado de motivación, perdurará durante todos los años de la carrera militar y será un elemento clave para tolerar los niveles de opresión.

Ya convertidos en soldados nos llevan al campo de batalla y nos sometemos a situaciones intensas por los siguientes factores:

> La responsabilidad de cumplir con la misión asignada tal y como se diseñó.

> La tensión que genera tener soldados asignados y la preocupación de que todos sobrevivan.

> Ver a otros soldados o civiles malheridos, desmembrados o muertos.

> La presión por hacer lo posible para evitar daños colaterales (civiles heridos o muertos).

> El desgaste físico por el peso del equipo militar que se carga (de cuarenta a ochenta libras aproximadamente o más), las temperaturas extremas y las pocas o ningunas oportunidades de descansar o dormir adecuadamente.

> Temor a ser herido o perder la vida.

Dado que mi amigo es un creyente firme en su fe, le pregunté cómo él, siendo cristiano, enfrentaba tal opresión y me explicó:

> Para el soldado cristiano, adicional a toda esa carga opresiva, está la opresión espiritual, que considero aún más intensa. Puedo decir que el ambiente de muerte y desolación se percibe y es altamente perturbador.

EL ENEMIGO SILENCIOSO

En una ocasión me sentí tan abrumado que acudí a un capellán militar para consejería. Él me comprendió y me explicó que en el territorio donde nos encontrábamos se habían librado grandes batallas desde el principio de los tiempos y por tal razón la carga espiritual allí era muy intensa. Desde ese día comprendí que ante toda esa opresión mi arma más efectiva era mi fe y la oración.

Al escucharlo, pude fácilmente relacionar lo que me decía con la opresión que muchos de nosotros experimentamos como soldados del Señor, porque guardando las proporciones, así es como se siente la opresión de los ejércitos espirituales enemigos. Estoy seguro de que como soldados del Señor en algún momento hemos vivido el hostigamiento del enemigo, teniendo en cuenta que si Cristo está en nosotros, podemos percibir más el mundo espiritual y al Espíritu de Dios, como lo dice Pablo:

> Pero el hombre natural no percibe las cosas que son del Espíritu de Dios, porque para él son locura, y no las puede entender, porque se han de discernir espiritualmente. (1 Corintios 2:14)

Para alguien que no tiene a Cristo, el mundo espiritual no existe o simplemente es considerado como «una energía rara» que se mueve en el ambiente, a la que algunos le llaman «vibras». Millones de personas están siendo oprimidas por el enemigo, pero no se dan cuenta porque no son espirituales; es decir, no tienen una consciencia espiritual de las cosas.

Al igual que yo, tal vez te identifiques con el hecho de que antes eras insensible a las cosas espirituales, pero ahora, al tener tus ojos espirituales abiertos, puedes percibir más allá de lo que simplemente se ve. También es posible que consideres que antes de conocer a Jesús sentías que la vida era más «fácil», sin tantos ataques, y luego, desde que te convertiste, las presiones y ataques se hicieron más fuertes. Pues esto tiene dos buenas explicaciones:

> La primera es que cuando nos convertimos en hijos de Dios empezamos a ser formados a su imagen. Para ello, Él usa circunstancias difíciles que forjan nuestro carácter y nos llevan a desarrollar un nuevo nivel de fe, conocimiento de Cristo, resiliencia, dependencia y victoria (y si no, pregúntale a Job, que es un experto en el tema). Bien dice el autor de Hebreos: «Porque el Señor al que ama, disciplina, y azota a todo el que recibe por hijo» (Hebreos 12:6).

> La segunda es que muchos de esos ataques y presiones vienen porque Satanás, el enemigo de nuestras almas, tiene su artillería lista para destruirnos.

Me sorprendo cada vez más de ver cómo muchos cristianos son ajenos al mundo espiritual y algunos incluso han llegado a creer que los demonios no existen, a pesar de que el apóstol Pablo claramente nos habló de la lucha que sostenemos y aseguró que nuestra lucha no es contra personas, sino contra estos entes espirituales.

> Porque no tenemos lucha contra sangre y carne, sino contra principados, contra potestades, contra los gobernadores de las tinieblas de este siglo, contra huestes espirituales de maldad en las regiones celestes. (Efesios 6:12)

Ahora bien, esto no se trata de tener miedo, ni de darle el crédito al diablo por todo lo que nos pase, ni tampoco de verlo en todas partes, pues hay muchos cristianos que se van al extremo opuesto y ven a diablo en todos lados, pero no ven en ninguna parte a Dios. Hay quienes hablan más del diablo y sus demonios que de

Dios, dándole más protagonismo del que realmente tiene. Se trata de tener un balance y mostrar cómo opera este enemigo de nuestras almas.

Lo que Pablo nos está queriendo decir es que elevemos nuestra perspectiva acerca de la guerra espiritual y entendamos que hay fuerzas espirituales de maldad que operan en los aires y atmósferas cuyo propósito es claro: obstruir y destruir la obra de Dios en el mundo y en aquellos que se rinden a Él.

Drones destructivos

La mayoría de los descubrimientos e inventos de los últimos siglos han sido creaciones increíbles con el potencial de traer soluciones a la humanidad. Sin embargo, muchos de ellos han sido usados de forma equivocada por las manos incorrectas, convirtiéndolos en muchos casos en armas de destrucción.

En el capítulo cuatro te hablé de un tipo de dron que era útil como arma de protección al que llamamos «el dron antiminas», y te conté cómo un adolescente consiguió emplear los drones para localizar minas antipersona. No obstante, esos mismos drones, utilizados por alguien que tenga un objetivo destructor, pueden ser letales.

Hace algún tiempo leí un artículo en el portal de noticias Euronews sobre el uso de los drones en las más recientes guerras en Europa y el Medio Oriente. En el mismo, el profesor del Campus Internacional para la Seguridad y la Defensa de España, César Pintado, decía que los drones «están siendo el vértice de una revolución militar, una revolución tecnológica y una revolución en la forma de hacer la guerra y de entenderla».[1] Los drones están siendo instrumentos cada vez más rápidos, indetectables, capaces de destruir y asequibles, «que los gobiernos están utilizando para infligir dolor al otro bando», afirmó el consejero delegado de Geopolitical Business, Abishur Prakash.²

Del mismo modo que los drones se emplean en las operaciones militares para identificar las posiciones enemigas, marcar el lugar que debe ser bombardeado y atacar, o corregir la posición en caso de que el bombardeo falle, a nivel espiritual también existen «drones» que nos atacan en las diferentes misiones y desde diversos frentes. ¿Cómo operan estos drones?

Ataques silenciosos

Seamos realistas, el enemigo no dice: «Oye, te voy a atacar, prepárate y defiéndete». Al contrario, por lo general sus artimañas y ataques vienen sorpresivamente, en especial cuando estamos descuidados.

Considera lo que nuestro Señor Jesucristo le dijo a Pedro:

> Simón, Simón, Satanás ha pedido zarandear a cada uno de ustedes como si fueran trigo. (Lucas 22:31, NTV)

Pedro no entendía lo que Jesús le estaba diciendo ni tampoco estaba preparado para ello; sin embargo, lo que Jesús declaró se cumplió al pie de la letra. Esto me ratifica que si Pedro fue atacado y zarandeado, nosotros no seremos librados de tales ataques.

Aunque suene raro, lo que te he ido explicando en todo este libro es una verdad espiritual: somos soldados, formamos parte del ejército de Dios. Por tanto, es ilusorio y sin sentido común que un soldado piense que no enfrentará guerras, sino que se irá de vacaciones y todo será fácil. Lastimosamente, eso pasa con muchísimos creyentes que piensan que la vida cristiana es como un jardín de rosas o Disneyland, donde todo resulta hermoso y bonito, dentro de un cubículo blindado donde nada nos puede tocar. Y aclaro: en Cristo estamos seguros, pero no somos trofeos metidos en una caja de cristal que nadie toca, sino soldados en el campo de batalla. Podemos tener la seguridad de que aunque seamos atacados, no seremos destruidos. Si estamos firmes en medio de esas batallas espirituales, veremos la victoria, y la victoria es que Cristo sea forjado y formado en nosotros.

Si vuelves a leer Lucas 22:31, podrás notar algo muy interesante: Pedro fue atacado fuertemente por Satanás, pero así como sucedió con Job, el diablo tuvo que pedirle a Dios permiso para tener acceso a él. Esto me hace ver dos cosas: la primera es que ningún hijo de Dios está bajo la autoridad de Satanás ni sus demonios, y la segunda es que Satanás sí puede atacar a los hijos de Dios. Jesucristo no le dijo a Pedro: «Pero yo le he pedido que no te toque», sino que en el versículo siguiente señala: «Pero yo he rogado en oración por ti, Simón, *para que tu fe no falle*» (Lucas 22:32, NTV, énfasis añadido). En otras palabras: «El ataque vendrá, pero mi oración es que cuando eso suceda, tu fe te haga permanecer firme».

SOMOS SOLDADOS, FORMAMOS PARTE DEL EJÉRCITO DE DIOS. AUNQUE SEAMOS ATACADOS, NO SEREMOS DESTRUIDOS. LA VICTORIA ES QUE CRISTO SEA FORJADO Y FORMADO EN NOSOTROS.

Espero que esta verdad ilumine tu vida de tal manera de que no le tengas miedo a los ataques del enemigo, sino que permanezcas firme ante esas asechanzas, pues muchos caemos o nos debilitamos en medio de esos ataques en vez de ser fortalecidos.

Eso fue lo que sucedió con Pedro, pasó por alto el ataque del que Jesucristo le advirtió. ¿Y por qué? Porque pensó que a él no le sucedería, que no le fallaría al Maestro. La raíz de esto fue el orgullo, el mismo que se levanta en nuestro interior, junto a nuestra inmadurez, cuando dependiendo de nosotros mismos y no de la gracia que nos es dada decimos: «A mí nadie me va a tocar» o «Aunque todos fallen, yo no fallaré». Por eso es que Dios permite ciertos ataques, no para destruirnos, sino para hacernos ver lo necesitados que somos de su gracia y lo dependientes que debemos ser de Él.

Así que, si estás bajo ataque, recuerda que esto forma parte de la batalla. Sin embargo, el enemigo opera en un grado más fuerte aún que te explicaré a continuación.

La opresión

Hay una historia tremenda que Lucas narra acerca de una mujer con una joroba que llevaba sufriendo desde hacía dieciocho años. No sé si te puedes imaginar la situación de esa mujer por tanto tiempo: el dolor, la vergüenza, el lastre que representaba para ella. Al encontrarse con Jesús, fue sanada, pero Jesús dijo lo siguiente:

> Esta apreciada mujer, una hija de Abraham, *estuvo esclavizada por Satanás* durante dieciocho años. ¿No es justo que sea liberada, aun en el día de descanso? (Lucas 13:16, NTV, énfasis añadido)

Esta fue la respuesta de Jesús a los fariseos hipócritas, quienes lo criticaron por sanar en un día de reposo, pero la misma también revela que la enfermedad de esta mujer fue producto de una fuerza espiritual que estaba sobre ella.

Cabe mencionar que la opresión espiritual es algo así: como tener una joroba que ejerce fuerza sobre alguien y no le permite levantarse. Entonces, aquí cambia el asunto, porque esto es más que simplemente un ataque o una artimaña; se trata de una opresión espiritual que puede ser causada por demonios o por ataduras espirituales.

A lo mejor te estarás preguntando lo mismo que yo me pregunté en algún momento: ¿un cristiano puede estar oprimido? Y mi respuesta es esta: lo que las Escrituras nos muestran es que un creyente no puede *vivir* bajo la opresión del enemigo, pero sí puede experimentar *momentos* de opresión espiritual. Me refiero a momentos de opresión debido a presiones externas, que no vienen de adentro por causa de un pecado oculto o de practicar el pecado, sino que son consecuencia de ataques que se vuelven una opresión. ¿Recuerdas lo que te conté que ocurrió en el corazón de Elías tras las palabras de Jezabel? Pues precisamente a eso me refiero.

En 1 Reyes 19, la Escritura nos muestra cómo aquellas palabras perturbaron tanto al hombre de Dios que el temor lo invadió y salió huyendo. Fue tanta la opresión que Elías le pidió a Dios que lo matara; y no solo lo pensó, sino que lo expresó. Vemos que definitivamente este fue un plan diabólico en contra del hombre de Dios y que él llegó a caer en esa trampa.

¿Cuántas veces ha sucedido que de la noche a la mañana nos sentimos deprimidos y desmotivados, no queremos saber ni hacer nada, y como que «de repente» empezamos a sentir un gran desánimo? ¿Cuántas veces «de la nada» empezamos a pelear con nuestro cónyuge y a maltratar a nuestros hijos con palabras, como si entráramos en un ciclo de enojo inusual? Debemos tener discernimiento, porque muchas veces se trata de una opresión espiritual por causas externas; es decir, de demonios que han sido asignados para destruir nuestra vida, a nuestro matrimonio o a nuestra familia. ¡Cuidado! Estas señales pueden estar indicando que hay fuerzas espirituales de maldad buscando oprimirte y confundirte para que el plan de Dios no se cumpla en tu vida.

 La posesión demoniaca

> Cuando Jesús bajó de la barca, un hombre poseído por un espíritu maligno salió de entre las tumbas a su encuentro. Este hombre vivía en las cuevas de entierro y ya nadie podía sujetarlo, ni siquiera con cadenas. Siempre que lo ataban con cadenas y grilletes —lo cual le hacían a menudo—, él rompía las cadenas de sus muñecas y destrozaba los grilletes. No había nadie con suficiente fuerza para someterlo. Día y noche vagaba entre las cuevas donde enterraban a los muertos y por las colinas, aullando y cortándose con piedras afiladas. (Marcos 5:2-5 NTV)

Aquí vemos el claro ejemplo de alguien endemoniado o poseído. En este caso las características eran claras y tal vez podrías pensar que eso ya es algo extremo, pero la Biblia nos muestra otro caso acerca de una chica que también estaba poseída, pero cuya apariencia y comportamiento eran «normales». Veamos cómo lo cuenta el escritor del libro de Hechos, el doctor Lucas:

> Aconteció que mientras íbamos a la oración, nos salió al encuentro una muchacha que *tenía espíritu de adivinación*, la cual daba gran ganancia a sus amos, adivinando. Esta, siguiendo a Pablo y a nosotros, daba voces, diciendo: Estos hombres son siervos del Dios Altísimo, quienes os anuncian el camino de salvación. Y esto lo hacía por muchos días; mas desagradando a Pablo, este se volvió y dijo al

espíritu: Te mando en el nombre de Jesucristo, que salgas de ella. Y salió en aquella misma hora. (Hechos 16:16-18, énfasis añadido)

Lucas es claro en afirmar que ella «tenía espíritu de adivinación», lo cual quiere decir que estaba endemoniada, llevaba un demonio dentro de sí que la hacía moverse en un mundo sobrenatural. Y aquí resulta importante enfatizar que no todo lo sobrenatural es de Dios. El endemoniado de Gadara también se movía en una esfera sobrenatural, y los brujos de Egipto sí que sabían moverse en un mundo sobrenatural, convirtiendo varas en serpientes por el poder de los demonios. Por eso reafirmo que el hecho de que la mayoría de los demonios no hayan sido expuestos no quiere decir que no existan.

Muchos cristianos dudan de que alguien esté poseído o endemoniado y evitan hablar de esto porque no quieren sonar místicos o fanáticos, o no quieren «asustar» a las personas, pero en realidad lo que están haciendo es permitir que el enemigo haga de las suyas en la vida de aquellos que creen que todo es conductual o psicológico. Y aclaro que yo pienso que la psicología tiene su lugar cuando se usa apropiadamente y con bases bíblicas, y también creo que no todo se relaciona con los demonios, pero la posición de muchos es cerrarse ante la realidad espiritual, tal vez debido a la exageración y la falta de balance de otros, evitando ser conscientes del texto central de este capítulo:

> Porque no tenemos lucha contra sangre y carne, sino contra principados, contra potestades, contra los gobernadores de las tinieblas de este siglo, contra huestes espirituales de maldad en las regiones celestes. (Efesios 6:12)

Una vez más, la invitación es a elevarnos y ser conscientes del mundo espiritual que se mueve arriba, en la esfera celestial y en los aires (ya sea en ciudades, naciones, pueblos o regiones), y también de aquellos enviados para destruir familias, iglesias y ministerios. Seamos conscientes de la lucha espiritual que enfrentamos día a día.

Quiero aclarar de nuevo que un creyente sí puede ser atacado, pero no poseído, ya que las tinieblas y la luz no pueden coexistir en un mismo lugar. Cuando Cristo reside en la vida de alguien, los demonios no pueden habitar en la persona.

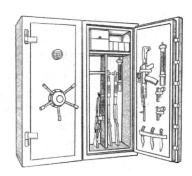

Vamos al armario

El domo de hierro

El famoso Domo de Hierro (también conocido como Cúpula de Hierro) de Israel no es una cobertura protectora en los cielos, sino misiles ubicados en áreas estratégicas en todo el territorio nacional que, al detectar algún proyectil en el aire, se activan y lo neutralizan antes de que llegue al objetivo. Es muy interesante cómo funciona este sistema.

En primer lugar, hay un radar que detecta al misil que viene a destruir hasta setenta y cinco kilómetros antes de que llegue. Esta señal es enviada a la caja de misiles y estos, a su vez, son disparados para encontrarse con el proyectil destructor en el aire y así contrarrestarlo y destruirlo. Las explosiones se escuchan, pero es

EL ENEMIGO SILENCIOSO

muy difícil que estos misiles lleguen a su destino, ya que el sistema tiene un noventa por ciento de efectividad.

De la misma forma, nosotros podemos neutralizar todo ataque y artimaña del enemigo, porque recuerda: los ataques son inevitables, pero podemos estar firmes y armados espiritualmente para defendernos.

Pablo nos lo dice de esta manera:

> Por último, fortalézcanse con el gran poder del Señor. Pónganse toda la armadura de Dios para que puedan hacer frente a las artimañas del diablo. (Efesios 6:10-11, NVI)

La palabra «artimañas» proviene del término griego *medsodeía*, que quiere decir «asechar con trucos o engaños». Y esa es precisamente la estrategia del enemigo: usar trucos de engaño y artimañas. Por esa razón, la Escritura afirma que necesitamos fortalecernos en el Señor, ya que definitivamente Él es quien nos dio la victoria, así que podemos afirmar que nuestro primer y principal escudo es Cristo y su obra por nosotros.

Veamos lo que el apóstol Pablo nos dice:

> Ustedes estaban muertos a causa de sus pecados y porque aún no les habían quitado la naturaleza pecaminosa. Entonces Dios les dio vida con Cristo al perdonar todos nuestros pecados. Él anuló el acta con los cargos que había contra nosotros y la eliminó clavándola en la cruz. De esa manera, desarmó a los gobernantes y a las autoridades espirituales. Los avergonzó públicamente con su victoria sobre ellos en la cruz. (Colosenses 2:13-15, NTV)

¿Qué hizo Cristo en la cruz para darnos la victoria y hacernos libres?

> Perdonó nuestros pecados.

> Anuló el acta de decretos que había en contra de nosotros y la clavó en la cruz.

> Desarmó a los principados y demonios triunfando sobre ellos.

Nuestra libertad espiritual se consumó en la cruz. Entonces, siguiendo ese orden de ideas, ¿qué debemos hacer para ser libres?

1. Creer en el sacrificio de Cristo y su obra en la cruz.

> Si el hijo os libertare, seréis verdaderamente libres. (Juan 8:36)

Veo con mucha preocupación que hoy en día en muchas iglesias se habla de liberación como si se tratara de una terapia psicológica o un ejercicio con varios pasos que debemos realizar; es decir, algo como «haz esto y haz aquello», ignorando y anulando inconscientemente a Cristo y su obra.

Como dije antes, pienso que la psicología bien aplicada y con bases bíblicas es una herramienta necesaria, pero no es lo que nos da la libertad. Es la persona de Cristo la que nos hace libres, no una terapia o un ejercicio con ciertos pasos espirituales que se basan en lo que hacemos. Por supuesto que es importante dar pasos de obediencia y claro que resulta fundamental buscar ayuda, pero es por la fe en Cristo y su obra que somos libres. Entonces, una vez que creo en el sacrificio de Cristo, tengo la autoridad para renunciar a todo pecado que practiqué o he venido practicando y, en Él, abrazar la nueva vida.

Ahora bien, ¿cómo podemos mantenernos en libertad? Nuestra prioridad no debe ser concentrarnos en ser perfectos o no volver a pecar, sino vivir en Cristo y conforme al Espíritu Santo, no conforme a nuestra naturaleza pecaminosa o nuestra carne.

Ahora, pues, ninguna condenación hay para los que están en Cristo Jesús, los que no andan conforme a la carne, sino conforme al Espíritu. (Romanos 8:1)

ES LA PERSONA DE CRISTO LA QUE NOS HACE LIBRES, NO UNA TERAPIA O UN EJERCICIO CON CIERTOS PASOS ESPIRITUALES QUE SE BASAN EN LO QUE HACEMOS.

Cuando vivimos en Cristo no estamos vacíos, sino que vivimos en su plenitud. Lo que nos nutre, nos fortalece y nos hace poderosos en Dios es vivir una vida llena de su Palabra.

Porque recta es la palabra de Jehová, y toda su obra es hecha con fidelidad. (Salmos 33:4).

Cuando la Palabra del Señor alimenta nuestras vidas diariamente, es nuestro derrotero, nuestro pan y nuestra prioridad, entonces realmente permanecemos firmes. Cuando leemos con detenimiento, estudiamos con interés y profundidad, meditamos con calma y humildad, y aplicamos con fe y obediencia su Palabra, ni Satanás ni sus demonios tendrán acceso a nuestra vida. Jesús derrotó a Satanás con y por la Palabra y este huyó de Él, así mismo nosotros podemos ser más que vencedores usando la Palabra.

Lo hermoso de la comunión con Dios es que nos ha dado a nuestro Consolador, el Espíritu Santo, para vivir una vida llena de fruto y abundancia. Nuestra comunión con el Espíritu Santo asegurará una protección contra los ataques y una puerta cerrada a los enemigos silenciosos.

Cristo es y será suficiente para vivir una vida en libertad, y tenemos su Palabra y su Espíritu para permanecer en esa libertad con la que hemos sido hechos libres.

Vamos a la trinchera

Recuerda que la trinchera es el lugar seguro donde tú, junto con el grupo de soldados con quienes has leído este libro, comparten las experiencias aprendidas. Pero si estás solo en la trinchera, no hay ningún problema, pues el Espíritu Santo te acompaña.

Aquí está la guía de trinchera de este campo de batalla:

- ¿Qué diferencias hay entre ataque, opresión y posesión espiritual?
- Comparte alguna experiencia que hayas vivido relacionada con estos tres tipos de situaciones espirituales.
- Si estás siendo atacado, oprimido, o sientes que necesitas liberación, compártelo con tu grupo y busca a tu pastor o líder espiritual para que puedan orar por ti.
- Haz un ayuno, mínimo de un día, para debilitar tu carne, romper toda cadena espiritual y fortalecer tu espíritu. Asegúrate de que tu líder o pastor te supervisen y oren por ti al finalizar.

CAPÍTULO DIEZ

DESPUÉS DE LA BATALLA

Hemos llegado al último capítulo de esta travesía militar espiritual y hemos aprendido muchos y valiosos conceptos que nos ayudarán a salir victoriosos de cada una de nuestras batallas. Las preguntas ahora son: ¿Y después qué? ¿Qué pasa con un soldado después de una batalla?

Un artículo publicado en la página *The Conversation*, titulado *El coste psicológico de tener que combatir en la guerra*, nos dice lo siguiente:

> Durante la Segunda Guerra Mundial se utilizaron términos como «fatiga de batalla» o «reacción de estrés de combate» para describir una variedad de comportamientos resultantes del estrés de la batalla. Los síntomas más comunes fueron la fatiga, el alargamiento de los tiempos de reacción, indecisión, desconexión con el entorno, incapacidad para priorizar y, en algunas ocasiones, «bloqueo de la acción».
>
> Por eso, se habla de tres trastornos mentales principales: trastorno de estrés postraumático (TEPT), depresión y lesión cerebral traumática. Existen mecanismos obvios que vinculan cada una de estas condiciones con experiencias específicas en la guerra. Desafortunadamente, estos trastornos son a menudo invisibles a los ojos de los demás [...] Asimismo, tras revisar varias investigaciones, se ha detectado la aparición de una gran variedad de síntomas y síndromes psicológicos en las poblaciones en situaciones de conflicto.[1]

¿Qué significa esto? Que nuestra batalla no acaba cuando ganamos la guerra. Tras su regreso a casa, los soldados sufren una variedad de problemas mentales y emocionales, y nosotros, como soldados, no estamos exentos de ellos. Hay un enemigo que sigue acechando aun después de obtener la victoria. Ese enemigo es la falta de reposo.

En este capítulo quiero enseñarte la importancia del descanso, pues así como un soldado llega a casa a descansar después de una larga batalla, así también nosotros debemos hacerlo. Tal vez estás pensando: *Pero, David, mis batallas no han terminado, no puedo esperar a que esta batalla espiritual o emocional se acabe, porque creo que no acabará nunca*, y en parte tienes razón, pero allí justamente está la estrategia: necesitamos aprender a descansar *en medio* de las batallas, a vivir *en descanso*, a producir *desde el descanso*, a servir *desde el descanso*, a pelear *desde el descanso*. Así como lo menciona la carta a los Hebreos, debemos entrar en el reposo de Dios y vivir allí.

> Por eso, mientras siga en pie la promesa de descansar con Dios, debemos tener cuidado. Sería una lástima que alguno de ustedes no pudiera recibir de Dios ese descanso [...] Nosotros, en cambio, los que sí hemos creído en la buena noticia, disfrutaremos de la paz y de la tranquilidad que Dios nos ha prometido. (Hebreos 4:1, 3, TLA)

Superocupados

El autor Tim Chester escribió un libro titulado *Cristianos superocupados*[2] en el que describe nuestra aparente incapacidad para descansar, excusada piadosamente tras las tareas eclesiásticas. En su libro lo dice de esta manera:

Los cristianos estamos tan expuestos como los demás a todo tipo de presiones externas. Y puede incluso que tengamos alguna más. Hemos convertido el mucho trabajo en una virtud. El tiempo que dedicamos a la familia es, sin duda, importante para nosotros. Pero a eso hay que añadir las reuniones y las responsabilidades en la iglesia. En ese sentido, Robert Banks opina que «en lo que respecta al tiempo, los cristianos estamos en peor situación que otros» [...]

Las generaciones anteriores delimitaban el tiempo con base en un todo. En la actualidad, cuantificamos el tiempo en minutos [...] En un tiempo real, cada segundo cuenta. Cada minuto tiene que ser aprovechado al máximo. Y por ser imposible detener el tiempo que se nos escapa, recurrimos a las máquinas como alternativa viable. Dos opciones simultáneas. Pantalla dividida. Opción multitarea. Mensajes de voz. Fusión de imágenes en pantalla. No hay por qué perderse nada. De hecho, no podemos siquiera permitir tal cosa [...]

Durante un tiempo, estuve convencido de que mi problema con las muchas ocupaciones iba a ser algo transitorio. Pero el paso del tiempo dejó bien claro que no iba a ser así. Las cosas no cambian por sí solas. Y esforzarse un poco más para poder parar después tampoco da resultado. En cuanto terminamos con una cosa, surge otra que viene a ocupar su lugar. Como ocurre con la arena cuando cavamos en la playa. Si de verdad se quiere encontrar solución a las muchas actividades, la única salida posible es elegir y priorizar.

Un *stop* a la fuerza

Cuando como sociedad vivimos la pandemia del COVID en marzo del 2020, todo el mundo se paralizó; lo difícil es confesar que creo que mis emociones también. Al ver que todos los planes que tenía para ese año se caían en el lapso de un mes, entré en pánico y desesperación. Yo venía con un ritmo acelerado: agenda, ministerio, iglesia, familia, todo sumado a mi temperamento, que es predominantemente sanguíneo. Así que, de repente, verme obligado a parar de golpe hizo que no me hallara entre tanta quietud.

Mi esposa Diana es diferente, ella es feliz en casa, disfrutando su ambiente, y aunque a mí también me gusta pasar tiempo en casa, estoy mucho más acostumbrado a permanecer en movimiento, a salir frecuentemente, a no parar mi cuerpo, pero tampoco mi mente. Y allí fue cuando empezó el problema. Mi mente siempre estaba pensando en lo que vendría y dejaba de disfrutar el presente por tener el foco en el futuro. Fue entonces cuando empecé a recorrer un camino que no habría querido recorrer, uno que empezaba en mi mente y se manifestaba en mi cuerpo.

Las visitas a la clínica que quedaba cerca a mi casa se hicieron cada vez más frecuentes. En cuanto sentía que me ahogaba, le achacaba la culpa al COVID y corría a emergencias para que al final las pruebas confirmaran que mis pulmones estaban bien. Tan frecuentes fueron mis síntomas que un día el doctor me dijo: «Me estás haciendo perder el tiempo que debería usar para pacientes que realmente tienen problemas respiratorios. Tus pulmones están bien, lo que tienes es ansiedad y necesitas otro tipo de tratamiento».

¿Ansiedad? Pero si yo oraba, adoraba, predicaba, ¿cómo era eso posible? Con el tiempo entendí que ese otro tipo de tratamiento al que el doctor se refería se llamaba descanso. Una cosa tan sencilla se volvió casi imposible para mí, pues mi vida estaba sumida en un activismo que me estaba haciendo daño y no consideraba que parar fuera algo bueno. No sé si te ha pasado lo mismo, pero yo crecí con una mentalidad de que si descansaba o no hacía nada en un día, era casi un pecado; tenía el pensamiento de que no importaba el día que fuera, siempre tenía que estar haciendo algo. No sabía que el pecado no era no hacer nada, sino ignorar el mandamiento de descansar, atentando contra mi salud física, mental, emocional e, incluso, espiritual.

En ese lapso de cuatro meses de encierro tuve que aprender a descansar —y todavía sigo aprendiendo—, pero esa temporada de crisis me ayudó a ser más intencional en lo que respecta al reposo.

Así que permíteme compartirte tres lecciones importantes que te ayudarán a aprovechar y disfrutar tus tiempos de reposo.

> **No hacer «nada», a veces es hacer más.** Tu cuerpo es mucho más productivo cuando descansas. De acuerdo con los expertos en la salud, el descanso es esencial para el bienestar cognitivo, regular la frecuencia de respiración, mejorar el estado de ánimo, mejorar la salud mental, cardiovascular, cerebrovascular y metabólica de las personas. Por eso, no eres más productivo cuando pasas largas horas sin hacer una pausa, lo eres cuando te tomas el tiempo que necesitas para recargar las baterías de tu cuerpo, tu mente y tu espíritu.

> **Descansar no se trata solo de dormir, también es desconectar.** Cambiar de actividad, leer un buen libro, disfrutar de la naturaleza, practicar un deporte, escuchar música, o separarse de la tecnología por unas horas, son algunas de las acciones que puedes procurar hacer intencionalmente para descansar, aunque no estés durmiendo. Elige incorporar actividades o quietud que traigan momentos refrescantes a tu espíritu y no aquellas que te agoten o

desgasten más. Elige desconectarte de todo aquello que te roba la paz y el descanso, y conéctate con la Palabra de Dios; en ella encontrarás principios y promesas que traerán reposo integral a tu cuerpo, mente y espíritu.

> **Llénate para poder dar.** El devocional *Making time to rest*, [*Dedicar tiempo al descanso*][3] creado y provisto por la plataforma YouVersion, lo dice de esta manera:

La razón por la que necesitamos descanso es porque hemos estado trabajando o empleando energía de alguna forma. Y solo porque aprendamos cómo descansar y nos sintamos descansados, no significa que estaremos así. Volveremos a trabajar de nuevo. Ayudaremos a otros de nuevo. Estaremos emocionalmente agotados de nuevo.

Descansar por descansar no es todo el asunto. Descansamos y reposamos para poder trabajar otra vez. Hay un hermoso flujo y reflujo de trabajo y descanso; de estar lleno para poder dar. [...] Así como nuestros cuerpos necesitan suficientes horas cada noche para recuperarse, nuestros espíritus también lo necesitan. No podemos esperar tener un espíritu fuerte y vibrante sin invertir en él. No podemos esperar que vacaciones de una semana nos sostendrán por meses y meses. Debemos hacer depósitos diarios en nuestra cuenta para soportar. Y necesitamos estar atentos cuando se han hecho muchos retiros [...] Todos los días despertamos con cierta cantidad de energía mental, emocional y física. Cuando hemos vertido cada cosa que tenemos para dar, debemos descansar. Cuando estamos en este estado de vacío, hay menos de nosotros que estorba a Su trabajo en nuestras vidas.

DESPUÉS DE LA BATALLA

Acércate, para, y descansa. Este es el momento más oportuno y apropiado de ser lleno del Espíritu de Dios».

La instrucción es clara y sencilla: **necesitamos descansar**. Los agrónomos procuran que la tierra descanse para que los campos sean más productivos en las cosechas y lo hacen los animales en tiempos de hibernación; sin embargo, para nosotros resulta cada vez más complejo encontrar espacios en nuestras apretadas agendas para descansar. La cultura del *multitasking*, de hacer muchas cosas a la vez, estar siempre ocupados, activos, «productivos», y cansados, es aplaudida y considerada un sinónimo de éxito por el mundo, y una señal de ser el «más cristiano» en la iglesia. Algo tan fácil se ha hecho extremadamente difícil para nosotros.

Esto me recuerda la historia escrita en el libro de 2 Reyes, capítulo 5. En ella se cuenta que Naamán, general del ejército sirio, un hombre amado y valorado por el rey de esa nación por las muchas victorias ganadas para su pueblo, tenía lepra, una enfermedad que ni con todos sus títulos y medallas había podido ser curada. En su desesperación por encontrar una cura, Naamán escucha el consejo que una criada hebrea le da a su esposa y, tras hacer algunas «gestiones burocráticas» decide visitar al profeta Eliseo.

Al llegar a donde el profeta, Naamán se enfada mucho porque Eliseo no solo no lo recibió, sino que la razón que le envió con su mensajero, fue: «Ve y métete siete veces en el río Jordán, y te sanarás de la lepra». (2 R. 5:10, TLA). El orgulloso general del ejército, respetado por muchos, no podía entender el aparente desaire del profeta y mucho menos que la solución para su problema estuviera en una orden así. Pero mira lo que sucedió:

«Naamán se enojó y se fue diciendo: "Yo pensé que el profeta saldría a recibirme, y que oraría a su Dios. Creí que pondría su mano sobre mi cuerpo y que así me sanaría de la lepra. ¡Los ríos Abaná y Farfar, que están en Damasco, son mejores que los de Israel! ¿No podría bañarme en ellos y sanarme?"

Así que se fue de allí muy enojado. Pero sus sirvientes se acercaron a él y le dijeron: *"Señor, si el profeta le hubiera pedido que hiciera alguna cosa difícil, usted la habría hecho.* ¡Con más razón, debiera hacerle caso y meterse en el río Jordán para sanarse!" Naamán fue y se metió siete veces en el río Jordán, como le había dicho el profeta.

Enseguida su piel quedó sana y suave como la de un niño». (2 R. 5:11-14, TLA, énfasis añadido)

¿Qué te quiero decir con esto? Naamán encontró su sanidad al obedecer una instrucción fácil a la que al principio se resistió a causa de todos los argumentos en su mente. De la misma forma, nosotros nos llenamos de argumentos para desobedecer la sencilla instrucción de Dios de descansar: «¿Quién tiene tiempo para descansar?», «es que si no lo hago yo, no lo hace nadie», «tengo que servir día y noche», «me siento culpable si no lo hago», «no puedo desaprovechar esa oportunidad», «no puedo decir no a eso». Y así, aquello se convierte en solo un día más, una ocupación más, un «sí» más, que nos lleva a decir «no» a la voz de Dios. Preferimos soluciones complejas, elaboradas, estructuradas y caras, en vez de atender la sencilla instrucción de nuestro Padre, que nos dice: «Es tiempo de descansar. Entra en mi reposo».

Entonces mi pregunta para ti es: ¿estás dispuesto a entrar en el reposo de Dios? Como dije antes, necesitamos aprender a descansar después de las batallas, pero también *en medio* de ellas. Vivamos, produzcamos, sirvamos y peleemos nuestras batallas (las que se ven y las que no se ven) *en descanso* y *desde el descanso*.

CONCLUSIONES

Vamos a la trinchera

Como has visto en cada campo de batalla, la trinchera ha sido clave. Necesitamos abrir el corazón, pues cada uno de nosotros somos un universo lleno de ideas, sentimientos, pensamientos, sueños, conceptos, recuerdos, anhelos, batallas perdidas y ganadas, y este espacio nos ha ayudado a compartir nuestras luchas con compañeros de milicia que enfrentan el mismo campo de batalla.

Quiero que sepas que para mí este libro ha sido esa trinchera donde también he podido abrir mi corazón a fin de que puedas, de una manera sencilla, identificarte con este hombre, que aunque es pastor, lleva sus marcas y sus heridas, pero sigue aprendiendo de cada batalla vivida.

Este proyecto, *Batallas silenciosas,* me ha costado muchas noches en vela, mucha oración, mucho estudio, pero lo más importante es que he entendido el porqué de muchas experiencias que he atravesado. Dios me ha permitido pasar por tantas cosas para que hoy pueda compartir contigo, desde mi corazón, lo que Él me ha enseñado por medio de su Palabra y me ha permitido aprender a través no solo de las luchas ganadas, sino también de las que he perdido. En este espacio de trinchera y siendo tú mi compañero de milicia, te comparto que, al escribir cada página de este libro, he ganado una batalla silenciosa.

Ahora te invito a que te sientes en esta trinchera, ya no con tus compañeros, sino solo tú y el Espíritu Santo, y que tengas la oportunidad de interiorizar algunos principios. Como escritor de este libro, guiado por Dios, estoy aquí para hacerte preguntas claves que deseo que puedas responder con toda sinceridad:

- ¿Qué has aprendido acerca del carácter de Dios en este libro?
- ¿Qué cosas has visto en ti tras leer este libro que no habías percibido o de las que no te habías dado cuenta antes?
- ¿Qué pecados, hábitos y actitudes Dios te está llamando a abandonar?
- ¿Qué verdades espirituales has aprendido al leer este libro?
- ¿Qué mandatos Dios te está llamando a obedecer?
- ¿Qué promesas debes creer y abrazar?
- ¿Qué ejemplos Dios te llama a seguir o evitar?
- ¿Qué resolución estás tomando o qué compromiso estás haciendo con el Señor?

Ahora, haz conmigo esta oración:

Padre celestial, gracias por darme el gran privilegio de conocerte. Gracias por las batallas que he podido vivir hasta el día de hoy, porque en medio de cada proceso doloroso has estado conmigo y no solo me has guardado, sino que me has enseñado a ser más como Cristo.

Hoy me rindo. Sí, me rindo a ti, rindo mis deseos y pasiones, debilidades y fortalezas. Hoy te pido perdón si he tenido hábitos destructivos o improductivos, si he abierto mi corazón a lo que no edifica, si no he construido una mente bíblica. Hoy me fortalezco en Jesucristo y en el poder de su fuerza y te pido, Padre celestial, que pueda ser ese soldado firme en la roca que es Cristo, vestido con toda la armadura de Dios. Hoy creo con todo mi corazón que en las batallas de mi vida veré la mano de Dios y creceré a la imagen de Cristo, porque mi victoria es ¡SER MÁS COMO ÉL!

Gracias, Padre, por amarme tanto.

En Cristo Jesús, mi Señor y Salvador, amén.

Si lo deseas, envíame tus comentarios acerca de tu experiencia con este libro. Puedes hacerlo accediendo al QR que encontrarás en esta página. Me gustaría saber cómo ha sido esta travesía para ti. También te animo a que puedas compartirlo en tus redes sociales, ten toda la libertad de etiquetarme en Instagram (@davidscarpetaoficial) o subirlo a tus historias con fotos de tus notas.

Gracias por permitirme ser tu compañero de milicia.

¡Hasta la próxima, soldado!

NOTAS

Capítulo 1: El francotirador

1. Componente marítimo de la principal fuerza de operaciones especiales de la Armada de los Estados Unidos.

Capítulo 2: Granadas en mi mente

1. Juan Calvino, *Institución de la religión cristiana*, Faith Alive Christian Resources, enero de 2014.

Capítulo 3: Tiro al blanco

1. Sun Tzu, *El arte de la guerra* (Ciudad de México: PRH Grupo Editorial, 2021).

Capítulo 4: Las minas quiebracorazones

1. Jonatan Pedernera, «Estudió en un sótano y se convirtió en el mejor alumno del mundo», ADN + Una buena noticia, 22 de abril de 2023, https://adnpositivo.com/estudio-en-un-sotano-y-se-convirtio-en-el-mejor-alumno-del-mundo/.

Capítulo 6: ¡Cuidado con Hulk!

1. En español, Reacción de Estrés ante la Operación de Combate. También es conocida como *fatiga de combate* o *neurosis de guerra*.
2. Información tomada directamente de *Military Review*, revista oficial del ejército de los Estados Unidos, escrito del mayor Tim Hoyt, PhD, componente de reserva del ejército de

los Estados Unidos, capitana Christina L. Hein, PhD, ejército de los Estados Unidos. https://www.armyupress.army.mil/Portals/7/military-review/Archives/Spanish/Q1-2022/Q1-Hoyt-2022/Hoyt-SPA-Q1-2022.pdf.

3. En español, Unidad de Transición del Guerrero, utilizada para aliviar el estrés relacionado con las operaciones en la zona de combate.

4. Revista *Military Review*, «Cómo abordar los impactos de la salud conductual», Teniente coronel Christopher Landers, Ejército de los Estados Unidos. https://www.armyupress.army.mil/Journals/Edicion-Hispanoamericana/Archivos/Tercer-Trimestre-2017/Como-abordaren-la-salud-conductual/

Capítulo 8: Corre, Forrest, corre

1. «Entrenamiento militar. La preparación física en el ejército». *Atleta Táctico*. Último acceso: 6 de agosto de 2024. Disponible en https://atletatactico.com/como-es-el-entrenamiento-militar/.

2. Las rutinas aquí sugeridas son orientativas y genéricas, y no deben usarse como sustitutivo de las evaluaciones o recomendaciones de un profesional cualificado en cada área. Visita a un profesional si necesitas ayuda específica.

Capítulo 9: El enemigo silencioso

1. Juan Carlos De Santos Pascual, «¿Cómo los drones están conquistando el campo de batalla en la guerra de Ucrania?», *EuroNews*, 5 de junio de 2023. Último acceso: 23 de septiembre de 2024. Disponible en https://es.euronews.com/2023/06/05/como-los-drones-estan-conquistando-el-campo-de-batalla-en-la-guerra-de-ucrania#:~:tex-

t=Los%20drones%20tienen%20misiones%20como,kil%-C3%B3metro%20o%20centenares%20de%20metros.

2. *Idem.*

Capítulo 10: Después de la batalla

1. https://theconversation.com/el-coste-psicologico-de-tener-que-combatir-en-la-guerra-179428.
2. Tim Chester, *Cristianos superocupados* (Barcelona: Editorial Andamio, 2013).
3. https://www.bible.com/reading-plans/16169-making-time-to-rest

¿HAS LEÍDO ALGO BRILLANTE Y QUIERES CONTÁRSELO AL MUNDO?

Ayuda a otros lectores a encontrar este libro:

- Publica una reseña en nuestra página de Facebook @VidaEditorial

- Publica una foto en tu cuenta de redes sociales y comparte por qué te agradó.

- Manda un mensaje a un amigo a quien también le gustaría, o mejor, regálale una copia.

¡Déjanos una reseña si el libro te gustó! Es una buena manera de ayudar a los autores y de mostrar su aprecio!

Visítanos en
EditorialVida.com
y síguenos en
nuestras redes sociales.